# INNOVATION FACILITATOR

## イノベーション・ファシリテーター

野村恭彦 著

プレジデント社

# さぁ、新しい現実づくりに挑戦しよう。

経営コンサルタント　神田昌典

驚きのニュースを聞いたのは、先日のことだ。

未来を創る会議（フューチャーセッション）についての、ドキュメンタリー映画が創られているという。フューチャーセッションに参加したクリエイターたちが、その体験に感動して、映画製作を決意。資金を調達し、実際にクランクインした。

映画のテーマは、フューチャーセッションによる商店街の活性化。クライマックスには、イノベーション・ファシリテーターがさっそうと登場する。

これから、あなたが読みはじめる本書で教えるスキルを実践する人である。

ここで考えてみていただきたいのだが、映画化される職業とは、一般的に言って、刑事や探偵、弁護士といった、人間ドラマに直接関わる職業や、ボクサーやレーサーといった、動きが絵になる職業だろう。

しかし、ファシリテーターは、そのいずれでもない。激しくやりとりするドラマもなければ、忙しく走りまわることもない。

ファシリテーターという言葉に馴染みのない読者に、この職業について説明しておけば、ファシリテーターとは、「会議を促進する人」のことである。つまり、たかが会議の促進役。完全に裏方の職業なのであるが、この仕事の、いったいどこに、映画化されるほどの魅力があるのか？

答えは、著者の野村恭彦さんが仕事をする姿をみると、よくわかる。

あたかも指揮者のように、ミーティングに参加する人々の中央に、真っすぐに立つ。初対面同士の堅苦しい空気を一気に和ませ、対話をうながす。そして、一人ひとりから知識・経験を引き出しながら、参加者全員がワクワクするような新しい認識を創りだしていく。

この仕事を、別の言葉で表現するなら、「知識創造のための、ＤＪ（ディスクジョッキー）」とも言えよう。ある空間に偶然に集った、言葉を交わすこともなかった人々のバラバラな心に、語りかける。それに呼応する空気の変化を敏感にキャッチしながら、一人ひとりが奏でている、意識下のメロディと共鳴させていく。刺激的なビートを刻むことで、行動へと駆り立て、日常的行動の枠を超えるグルーヴを生み出していく。

こうした一連の芸術的・創造的プロセスを、よりよい社会をともに創りだすために実践して

いくのが、イノベーション・ファシリテーターなのだ。

新しい職業だから、このスキルをもったからといって、いまのところ、収入が約束されるわけではない。しかしながら、イノベーション・ファシリテーターは、広い分野で「進化」を間近で体験できる、輝かしい職業のひとつになることは間違いない。

これからの時代は変化が激しく、常に、新しい未知の課題に試行錯誤しながらも対応することが求められる。本格的な知識基盤社会に入るのだが、そのためには抽象化した専門知識を、事業目的に沿って現実的に統合していかなければならない。まさにイノベーション・ファシリテーターが活躍するフィールドが急速に広がっているのであるが、その彼らのための入門書であり、なおかつ生涯にわたるバイブルとなるの

が、本書『イノベーション・ファシリテーター』である。

私自身も、読書会のファシリテーターや、未来地図を描く（フューチャーマッピング）ファシリテーターの育成に関わっているのでわかるが、ファシリテータースキルは、リーダーシップに直結する。居心地のいい空間をつくり、時間内に達成すべき明確な目標を決める。見知らぬ人の前に立って話の口火を切り、お互い言葉を交わそうとしない人同士を和ませ、対話へとうながす。こうした基本的なプロセスを数回経験するだけでも、共感力・統率力が相当、鍛えられる。

場数を踏んでいくと、ファシリテーターは、創造的な解決策を生み出すために、さらに柔軟な対応ができるようになってくる。対話を活気づけるために、時には挑発し、時には沈静させる。常に謙虚でありながらも、必要とあれば傲慢に振る舞う。長期的な目的を見失わず、短期的な実務計画に落とし込む。

このように男性的な推進力をもちながらも、女性的な調整力を合わせもつ両性具有のリーダーが、自然に創られていく。

その結果、ファシリテーターは——、専門領域の言語の違い、世代間の価値観の違い、階層間の立場の違いによって分断され、停滞し、変化を諦めてしまった組織や社会に、夢中になって取り組めるものを、再び見出させ、その喜びを思い出させてくれるのである。

私が、イノベーション・ファシリテーターという職業を知ったのは、2012年9月のこと——野村さんと、名刺交換をした瞬間だった。

「イノベーション・ファシリテーター」は、名刺に刻まれていた肩書きだった。つまり、イノベーション・ファシリテーターという職業を生み出したのは、野村さんであり、またイノベーション・ファシリテーターの第一号もまた、野村さんなのである。

本書は、この職業の生みの親である野村さんが、企業変革、地方創生の現場での、日々の実践から導きだされた思想と技術をわかりやすく説明した、はじめての解説書だ。ファシリテーションといえば、一般的には、人前に立つときに活用するテクニックを学ぶが、この本で扱っているのは、人前に立つ前後——いままでほとんど解説されてこなかった準備過程、そして、実行段階で必要になる技術についてもふんだんに頁が割かれている。技術より大事な思想について説得力をもって語れるのは、まさにこの職業を生み出した野村さん以外には考えられない。

イノベーション・ファシリテーターの役割が、違いによって分断された人々の心に橋をかけ、新しく統合された認識を創りあげることで、世界を新生（イノベート）させることであれば、恐れによって視野が狭くなり、国際社会に亀裂が入っているいまほど、この思想と技術が必要とされるときはないだろう。

本書を読んだ後に、イノベーション・ファシリテーターという仕事に興味をもったら、ぜひ、これから完成するドキュメンタリー映画を観たり、ファシリテーションの現場に参加したりしていただきたい。こうした小さな変化に一人ひとりが挑戦することで、未来は確実によりよい方向へと変わっていくはずだからである。

# 目次

## 第2章　問いを立てる　37

# 序章

対話の手法を使って意見交換をおこなう場面が増えています。

さまざまな企業が商品開発や部門間の伝達をスムーズにおこなうために、対話のセッションを開いています。また、企業だけではなく、行政やＮＰＯ、市民も対話のセッションで意見を交換して、地域活動や社会問題の解決に活かしています。セッションとは人が集い話し合いをする集会を意味しますが、複数のミュージシャンがともに演奏することも指すとおり、その場で価値を生み出す「かけあい」の要素を含んでいます。

なぜ、このような対話のセッションが増えてきているのでしょうか。

その理由は、いままでにない新しいアイデアを生み出すには、組織の垣根を越えた意見交換がきわめて効果的であることに多くの人が気づきはじめたからです。

大きな企業では部門が分かれるだけで日常的に話をする機会が減ります。顔も名前も知らない社員がいることも珍しくありません。また、行政やＮＰＯ、市民も、これまではセクターを越えて一緒に話し合う機会を持つことはほとんどありませんでした。

いままでつながっていなかった立場の異なる人同士が意見交換をすると、これまでにないアイデアが生まれます。同じ分野に取り組んでいても、それぞれの役割や能力、人脈などの背景の異なる人たちが一緒になって話すのですから、それは当然です。これまで対話をしてこなかった多様な人たちが交わると、そこに新たなブレイクスルーが起こります。また、対話に参加した人同士の人間関係にも変容が起こります。これまでつながりが持てなかった人たちの間に新たなつながりが生まれるのです。

対話のセッションはいま、これまでにない新しいアイデアや新しい人間関係を生み出すイノベーションの手法として、大きな注目を集めるようになっているのです。

2012年、わたしはフューチャーセッションズという会社を立ち上げました。そしてフューチャーセッションと名づけた対話の手法を用いて、「対話で社会を変えるプラットフォーム」をつくろうとしています。対話で生まれる集合知のプラットフォームをつくるにあたって、フューチャーセッションズでは実際に対話の手法を用いたまちづくり、子育て環境の改善、高齢社会の助け合いのメカニズムづくり、組織の風土改革、新商品の開発、イノベーション人材の育成など多種多様なプロジェクトを手がけています。

そして、わたしたち自身がさまざまなセッションを開催するだけでなく、セッションのつくりかたを学ぶための講座を開いて、社会変革を起こす方法を伝える活動もおこなっています。

1人では解決が難しかった社会的な課題に、対話の手法を通じて誰もが取り組める世の中にすることが、わたしたちの使命です。

フューチャーセッションをどのように開いて、どのように運営していくか。これはすぐに理解して実践できるものではありません。企業やNPOの方々から、「フューチャーセッションを開きたいのですが、まず、何をしたらいいのでしょうか？」「ファシリテーター[※1]（＝場の進行役）になりたいのですが、どうすればなれますか？」といった質問を受ける機会は増えるばかりです。

対話の必要性が知られるにつれて、たくさんの人がフューチャーセッションやファシリテーションを身につけたいと考えるようになっています。けれども、どのように開催すればよいかを伝えようとしても、なかなか理解してもらえません。他の方が主催するセッションに参加する機会もたくさんつくってきましたが、何か物足りなさやフラストレーションを感じることが少なくありません。いったいどんなふうにしたら改善できるのでしょうか。なぜ、フューチャーセッションを開くことはそんなにも難しいのでしょうか。

さまざまなフューチャーセッションを見てきたわたしの結論は、〝対話の手法にこだわりすぎてしまうところ〟に問題があるということです。

ファシリテーションのやり方について解説している本はたくさん出版されています。本を開くと、たとえば、傾聴といって、人の話を聞く技術が紹介されています。相手に伝わるようにうなずいたり、適度な相槌を打ったりして、話をうながしていきましょう、そんな話です。

もちろん、対話に傾聴のスキルは大切です。うなずいてみせたり、適切な相槌を打ったりすることで相手が話しやすくなることも事実です。ただ、それはあくまでも、相手が話しやすい雰囲気をつくるための技術にすぎないのです。

※1
ファシリテーターとはものごとがうまくいくよう中立的な立場から支援する人のこと。集会や会議などで参加者全員で合意形成をつくっていけるように働きかける。

あるいは、ワールドカフェ[※2]などの特定の対話の方法を知った方から「こんど自分の組織でやってみたいのですが、どうファシリテーションしたらよいでしょうか」という質問をよく受けます。ワールドカフェは対話の手法のひとつにすぎませんので、その組織で対話をしたい目的から考えないと、本当にワールドカフェが適切かどうかわかりません。

わたしは、場の進行の手法を知っている人を「ファシリテーター」と呼ぶのであれば、世の中に変革を起こすフューチャーセッションをおこなうファシリテーターのことを、一般的なファシリテーターと区別するために「イノベーション・ファシリテーター」と呼ぶべきではないかと考えるようになりました。

ファシリテーターと、イノベーション・ファシリテーターの違い。それは、「場の進行をサポートする」のがファシリテーターで、「イノベーションの道筋を描く」のがイノベーション・ファシリテーターの役割だということです。どちらがいいということではなく、両者は似て非なるものなのです。

**イノベーション・ファシリテーターになって、フューチャーセッションを開催するには〝思想〟と〝実践〟という2つの力を身につける必要があります。**

〝思想〟は、イノベーション・ファシリテーターの姿勢のことです。何を目的にして、どのような理念を持って場づくりに臨めばよいかという根本的な考え方となります。

〝実践〟は、フューチャーセッションのつくり方です。たとえば参加してほしい人を招き入れ

※2
アニータ・ブラウンとデイビッド・アイザックスが開発した4〜5人単位のグループに分かれて、メンバーの組み合わせを変えながら対話をしていく手法。

たり、参加者同士で新しいアイデアが生まれるよう対話をおこなうための方法を身につけます。

実は、イノベーション・ファシリテーターとして社会に変革を起こしていくには、〝実践〟よりも、まず〝思想〟が大切なのです。

わたしは、よりよい未来の社会の実現には、社会的な課題の解決を推進できるイノベーション・ファシリテーターの存在が不可欠だと考えています。わたしが開くフューチャーセッションも、多くの場合は社会的なビジョンの実現を目指すものです。

イノベーション・ファシリテーターは問います。そもそもなぜ、このフューチャーセッションという対話の場を開く必要があるのかと。〝思想〟を身につけるということは、あらゆるプロジェクトに対して、適切な「問い」を投げかけられるようになることにほかなりません。その問いかけによって、そのプロジェクトの責任者は、自分たちが本当にやらなければならないことは何か、という根源的な問いに向き合うことになります。つまりイノベーション・ファシリテーターの〝思想〟とは、フューチャーセッションを開くためのぶれない目的を設定する力なのです。

フューチャーセッションには、よりよい社会を生み出すというゴールがあります。そのゴールに向かってセッションを開くには、まずは〝思想〟の理解が不可欠です。〝実践〟は、その実現のための補助ツールにすぎないと考えてください。

セッションに関してさまざまな相談を受けてきたわたしが感じることは、〝実践〟にとらわれすぎている人が多いということです。

「3時間のフューチャーセッションを開くにはどんな対話の手法を組み合わせてプログラムを構成すればいいのでしょうか」「どんなふうに集客すればたくさんの参加者でにぎわうフューチャーセッションが開けるのでしょうか」「参加者に満足してもらうにはどんなアウトプットが出せればいいのでしょうか」。これらはすべて大切なことではありますが、根本的な〝思想〟を理解しないまま、やり方だけを取り入れても、いずれうまくいかなくなります。

なんのためにフューチャーセッションを設計するか。どうして異なるバックグラウンドの人たちが集まったほうがいいのか。その理由が大事なのです。

セッションを成功させたい気持ちはわかりますが、本質を捉えなければ、手法をいくらがんばってもイノベーションは起こせません。

本書は、イノベーション・ファシリテーターになるための〝思想〟と〝実践〟の両方について解説します。

第1部では、イノベーション・ファシリテーターとして、もっとも大切な〝思想〟を説明します。まず〝思想〟について語るのは、これ抜きにして〝実践〟をお伝えすることはできないからです。

第2部の〝実践〟では、具体的なフューチャーセッションの組み立て方や流れのつくり方を解説しています。「どんなふうに場を組み立てればいいのだろう?」「対話の手法にはどんなものがあるのだろう？」といった疑問にお答えするものです。

〝実践〟は、ノウハウなので、誰もが興味を覚えるものです。しかし、くどいようですが、〝実践〟は、あくまでもフューチャーセッションを効果的に進めるための補助ツールです。まず、理解していただきたいのは〝思想〟であり、なんのためにセッションをおこなうのかという目的を明確にすることです。言い換えれば、ここができていれば、〝実践〟自体は、自然に身につきます。

イノベーション・ファシリテーターの〝思想〟を身につけたとき、〝実践〟は、あなたが手がけるフューチャーセッションを強力にサポートしてくれます。

本書は何度も読み込むことによって、〝思想〟がしっかりと身につけられるようなつくりになっています。フューチャーセッションを開く際に、ふと迷いが生じたときは本書をめくってください。なぜフューチャーセッションを開くのかという目的が明確になれば迷いは解消されます。

それでは、イノベーション・ファシリテーターになるための、〝思想〟と〝実践〟の話をはじめていきましょう。

# 第1部 イノベーション・ファシリテーターの思想

INNOVATION FACILITATOR

# 第1章　フューチャーセッションを開くまえに

## イノベーション・ファシリテーターとはなにか

「イノベーション」とは、〝新しいものを生産する、あるいは既存のものを新しい方法で生産することであり、生産とはものや力を結合すること〟を意味する言葉です。これは経済学者シュンペーター[※3]が定義しています。

また、「ファシリテーション」は、〝人々の活動が容易にできるよう支援し、うまくことが運ぶよう舵取りすること〟であると、日本ファシリテーション協会[※4]が定義しています。

つまり**「イノベーション・ファシリテーター」とは、〝新しいアイデアやプロダクトを新しい方法で世の中に提供して、社会に変革を起こそうとする人々を支援し、うまくことが運ぶよう舵取りする人〟**となります。

グローバル化が進む世の中で、社会的な課題は細分化されながら広がり続けています。その全体像は把握できないくらい大きく、どこから手をつけていいかわかりません。しかも連鎖するように次から次へと課題はつながり、また生まれてきます。

※3
ヨーゼフ・アーロイス・シュンペーター（1883〜1950年）は、オーストリア・ハンガリー帝国（後のチェコ）生まれの経済学者。

※4
特定非営利活動法人日本ファシリテーション協会（https://www.faj.or.jp/）

誰もが感じているけれど、1人ではどうにもできないように見える課題が山積する現代。イノベーション・ファシリテーターは、そんな背景を受けて登場した存在です。

一般的に「ファシリテーター」といえば、会議の進行役のイメージを持つ人が多いと思います。もちろん、それも正しい認識です。たとえば、会議の進行役を担うファシリテーターは、参加者一人ひとりの意見をホワイトボードに書き出してまとめます。意見が混乱しないよう上手に調整をしながら会議を合意形成に導くのです。

一方、「イノベーション・ファシリテーター」は、会議の進行役としてのファシリテーターとは異なるスタンスを持っています。**イノベーション・ファシリテーターの目的は、会議で合意形成をつくることではありません。達成したい社会的な課題に対して、〝課題の当事者およびその関係者〟＝〝ステークホルダー〟**[※5]**たちの関係に変容を生み出していくことが目的**なのです。

関係に変容を生み出すとは、簡単に言うと、それまで知らなかった者同士が互いの想いや背景を理解し合うということです。

関係に変容が起きると、社会的な課題の構造が変わります。いままで1つの立場からしか見ていなかった社会的な課題を多様な立場の人たちが一緒に、多面的な角度から眺めることになるのです。

※5
ステークホルダーとは一般的には主に企業活動における利害関係者のこと。具体的には株主や経営者、従業員、取引先、顧客、地域住民、行政官庁など。

たとえば、子育て環境の改善について話そうとなると、子育てに関心のある人だけが集まることになり、その結論は「子育てをしていない人が変わらないとダメだよね」となりがちです。そこに、同じ地域で高齢者ケアに携わっている団体、一人ぐらしの学生、地元の商店街や企業で働く人たちなど、その〝課題の非当事者〟たちがステークホルダーとして加わると、課題の構造が変わります。そうすることで、いままで気がつかなかった視点が得られ、社会的な課題に解決の糸口が見えてくるというわけです。

## フューチャーセッションとはなにか

イノベーション・ファシリテーターは、イノベーションを起こすために、ステークホルダーを集めた**フューチャーセッション**を開きます。

わたしはフューチャーセッションを次のように定義しています。

**未来に向けた問いかけがあり、それに呼応して集まった多様な参加者が、対話を通じて相互理解と信頼関係を築き、新たな関係性と新たなアイデアを同時に生み出し、協調してアクションを起こしていく場。**

フューチャーセッションは社会的な課題の達成のために開かれますが、そのはじまりにはいつも、**社会問題に直面している当事者の想いがあります**。

当事者がその想いを表明すると、それに関心を持つ関係者が集まってきます。

フューチャーセッションでは、この**関係者のことをステークホルダー**と呼びます。ステークホルダーは当事者の想いに共感しているという共通点を持っていますが、活動フィールドはさまざまです。企業で働いている人もいれば、行政機関に所属している人もいるし、NPOとしての活動や、家庭を大切にしている市民などもいます。**フューチャーセッションの場にその違いを持ち寄る**のです。

互いに異なる背景を持ったステークホルダーが対話を深めていくと、**ステークホルダー同士に関係の変容が起こります**。社会的な課題の解決に向けて、それぞれがどのように取り組んでいるかを理解し、協働する方法を模索しはじめるのです。

フューチャーセッションの興味深い点は、イノベーション・ファシリテーターが上手に場の流れを進めるところではありません。当事者の想いに引き寄せられたステークホルダーたちが、互いの違いを理解し合いながら、目的の達成に向けて、その関係を変容させていくところにあります。

互いの違いを理解する過程で、ステークホルダーたちはそこから新しい学びや気づきを得ます。ときには受け入れがたい事実もありますが、セッションを通じてステークホルダーたちは**葛藤を乗り越えようとします**。そうすることにより、いままでの発想を越えた新たなステージへと登ることになります。

クリストファー・ボグラー[※6]というコンサルタントが、ハリウッド映画のシナリオのつくり方を紹介する『物語の法則 強い物語とキャラを作れるハリウッド式創作術』という本を執筆しています。おもしろいことに、物語の設計手法にフューチャーセッションの考え方との共通点が垣間見られます。

ハリウッド映画にはたくさんの登場人物がいて、それぞれ違った目的があります。彼らの目的は物語を進める推進力となっています。たとえば、ある登場人物は、ドラゴンを倒してお姫様を救出しようとしています。また別の登場人物は、洞窟の奥に隠された秘宝を見つけようとしています。

物語は彼らの目的を明らかにしながら進行します。そして、その途中途中にさまざまなシーンが展開されるのです。

あるシーンでは、登場人物たちの出会いが描かれます。別のシーンでは彼らの目的の違いから生じる葛藤が描かれます。また別のシーンでは、お互いの目的を達成するためにチームを結

※6
クリストファー・ボグラーは、ジョーゼフ・キャンベルとウラジーミル・プロップの理論などをミックスさせた独自のストーリー構築理論を開発。ストーリー開発コンサルタント。

成する様子が描かれます。ときには仲たがいをしながら、やがて力を合わせて物語の大きな目的を達成するのです。

**登場人物たちの葛藤**はおもしろい映画に欠かせません。お互いの立場や目的の違いから生まれるその葛藤をどうにかして乗り越えることで、登場人物たちの関係に変容が起こります。葛藤を乗り越えながら登場人物たちは次のステージへと進むのです。

フューチャーセッションにも、まるでハリウッド映画の登場人物たちのように、さまざまな目的を持ったステークホルダーが集まります。ワーキングマザー、セールスパーソン、NPO関係者、自営業者、新入社員、大学教員、市役所職員など、普段はあまり交流のない人たちが共通の関心事を持って顔を合わせるのです。そして、お互いの立場の違いから意見を出し合います。

課題はひとつでも、立場が異なるので、さまざまな見方が生まれます。するとステークホルダーは、自分の意見が偏ったものであることに気づきます。まさに、ハリウッド映画で目的の異なる登場人物同士が、互いの立場や目的のすり合わせをするようなことがおこなわれるのです。

お互いの立場の違いから生まれた葛藤を乗り越え、ステークホルダーの関係に変容が起きると、**それまで気がつかなかった新しい視点からのアイデアやプロジェクトが生まれ、協働関係**

**が育まれます**。それがイノベーションの引き金になるのです。

## イノベーション・ファシリテーターの役割とは

フューチャーセッションは、常に社会的な課題に直面する当事者の想いからはじまります。イノベーション・ファシリテーターがその当事者と出会うことから、フューチャーセッションの企画が生まれるのです。

当事者に出会ったイノベーション・ファシリテーターは、最初に当事者の想いに耳を傾けて、その想いの本質を引き出します。**社会的な課題に対して、当事者がどのような想いを抱いていて、どうしてそのように感じるようになったのか、どんな社会になることを望んでいるのか**など、納得がいくまで当事者の想いを深掘りします。

当事者の直面する社会的な課題には、高齢化社会やいじめなど、わかりやすいものもたくさんありますが、日常の小さな困りごとのように見える場合も少なくありません。

たとえば、とある化粧品メーカーの社員にフューチャーセッションを依頼されたとしましょう。

「こんどの新製品がもっと売れるようにするにはどうすればいいか、そのアイデアを考えるフューチャーセッションを開けませんか？」

当事者のこの想いは、一見、自己都合のように聞こえるでしょう。イノベーション・ファシリテーターは**好奇心を発揮して**、なぜ、自社の商品が売れてほしいと思っているのかをもう少し深掘りしていきます。

――どうして、その新製品にもっと売れてほしいと思うのですか？

「会社の売り上げが伸びるということもありますが、実際によい商品だという自信があるからです」

――よい商品だから、売れてほしいのですか？

「それはそうですよ」

――その商品は、どんな価値を生み出すと思いますか？

「この商品を使う女性の美しさを引き出すと思います」

――あなたは、女性がきれいでいられることを望んでいるのですか？

「そうですね。女性はきれいにしていると外出が楽しくなって、より輝けるんじゃないかと思うんです。女性が華やかにしている社会って、素敵だと思いませんか？」

ちょっとした相談でも、**好奇心を発揮して話を深掘りすると、当事者の本質的な想いに触れ**

**ることができます**。

単に、「自社の製品が売れて会社が儲かればいい」という想いなら、多くの人の共感を得ることはできません。社会的な課題とも言えません。

でも、そこをぐっと掘り下げて、「女性が自信を持ってキラキラと働いたり、楽しそうに街へ出かけたりするようになってほしい」という想いが引き出せたのであれば、社会性が浮かび上がり、共感もしやすくなります。人々の共感を呼ぶことのできる価値観は、**シェアードバリュー**[※7]と呼ばれています。マイケル・ポーター[※8]も、このシェアードバリューを生み出すことが、これからの企業戦略として重要であることを指摘しています。

イノベーション・ファシリテーターはこのように困りごとに耳を傾けて、その奥にある本質的な想いを引き出します。

「なぜ、そのように思うのでしょう?」

「あなたの思いが叶うことによって、どんな社会が実現できるのでしょう?」

好奇心に従って、「なぜですか?」「なぜですか?」と想いを引き出す質問を重ねていきましょう。そのように想いの本質をつかまえることが大切です。

※7
寄付や社会貢献を通じて企業イメージを上げるフィランソロピー的活動からさらに踏み込んだ価値観。企業活動そのものにより社会との共有価値を創出すること。

※8
米ハーバード大学経営大学院教授であり、企業の競争戦略論の世界的な第一人者。代表的著書は『競争の戦略』(ダイヤモンド社)。

## 想いを引き出す質問

当事者の本質的な想いを引き出すには話を深掘りする質問が必要です。それにはどんな質問がよいのでしょうか。たとえば、次のような質問を投げかけてみてください。相手の想いが少しずつ見えてきます。

**・その目的を達成して、あなたがいちばん幸せにしたいのはどんな人ですか？**
**・その課題を解決して、あなたが実現したいのはどんな社会ですか？**
**・その問題の克服のために、誰のどんな協力が必要ですか？**
**・こんなことが起きたらうれしいと思える、もっとも小さな成功は何ですか？**

質問するときのポイントは、相手が困っていることに心から共感することです。〝どうしてそのように思うのだろう？〟。相手の困りごとに心から興味を持てば、自然に当事者の想いの本質に触れる質問が生まれてきます。いくつか質問の例を挙げましたが、**大切なことは質問を覚えることではなく、当事者に本気で関心を持ち、話に耳を傾けること**です。

そうすれば自然によい質問を投げかけることができ、相手もイノベーション・ファシリテーターであるあなたを信頼して、一緒に想いの本質を見つけようとしてくれます。

## そのフューチャーセッションは必要か

当事者の想いを深掘りするときに、一度、立ち止まって考えてほしいことがあります。それは、**〝そのフューチャーセッションは、本当に開く必要があるのだろうか？〟**ということです。

フューチャーセッションは、社会的な課題の解決を目指す活動です。自分ひとりでは、その社会的な課題を前にどうすることもできないから、ステークホルダーを集めて、フューチャーセッションを開くのです。

つまり、次のような場合は、あえてフューチャーセッションを開く必要はありません。

- **課題に対する答えがすでに見つかっているとき**
- **課題に対する有効な取り組みがすでにあるとき**

1つ目の「課題に対する答えがすでに見つかっているとき」は、なぜフューチャーセッションを開く必要がないのでしょうか。

フューチャーセッションはそもそも、1人では解決できそうもない複雑な社会問題を解決するための手法です。

したがって、**すでに答えが出ていることや、イエスかノーで答えられることについてはあえ**

**てセッションを開く必要がありません**。答えを持っている人のところへ行って、やり方を教えてもらうほうが社会的な課題の解決には近道です。

２つ目の「課題に対する有効な取り組みがすでにあるとき」は、なぜでしょうか。

フューチャーセッションは社会的な課題の解決を目指しています。すでに同じ課題に取り組んでいる人がほかにいるのなら、その人もステークホルダーです。そして、すでに社会的な課題に対して先鋭的な取り組みをしているのであれば、その活動に混ぜてもらうといいでしょう。

逆に、すでにある取り組みがうまくいっていないようであれば、その人たちをステークホルダーとして招き入れ、さらに参加者を広げてフューチャーセッションを開けばいいのです。

**フューチャーセッションの目的は、場を設けることではなく、社会的な課題を解決すること**なのです。その実現に向けた最適な方法を探す姿勢が常に必要です。

その意味では研究論文の作成に近いものがあります。なんらかの論文を書こうとするときには、必ず、似た研究に取り組んでいる人がいないかを調べます。その研究について先行事例があり、結果も出ているのであれば、新たに同じ研究に取り組む必要はないのです。

フューチャーセッションもそれと同じで、すでに先行事例があるならわざわざ場を開かず、それを参考にすればいいのです。

では、どのようなときに開けばいいのでしょうか。次のような要件に当てはまるのであれば意味があります。

- **課題に対する答えがまだ見つかっていないとき**
- **課題に対する有効な取り組みがほかにないとき**

まだ答えが見つかっていない、誰も取り組んでいない課題に取り組むわけですから、**フューチャーセッションは目的を果たすことが難しくて当然**です。セッションを開いたからといって、課題がすぐ解決するものでもないのです。

**フューチャーセッションは、社会的な課題の達成に向けて、何度も重ねる探究のプロセスです**。そこを意識せずにセッションを開くと、ファシリテーターは〝やってみたけれどうまくいかなかった〟と感じることも多いでしょう。社会的な課題は、そう簡単に解決できません。だからこそ、よりよい社会の実現に向けて、何度も繰り返される探究のプロセスなのだと覚悟してください。

# 第2章　問いを立てる

## そのままでは届かない想い

フューチャーセッションには、**課題に関心を持つステークホルダーの参加が欠かせません**。企業から、行政から、NPOから、市民から。これまで交わらなかった多様なステークホルダーが参加して意見を交換すると、課題への新しい視点に気づきます。そして、それぞれのセクターが持つ資源を活用して課題の達成に臨むことができるようになるのです。

しかし、「フューチャーセッションを開きます」と宣言するだけでは、多様なステークホルダーに参加してもらうことはできません。では、どうすれば彼らに参加をうながせるのでしょうか。

その方法として、フューチャーセッションでは、場の中心に置かれる「**問いの設定**」をおこないます。ステークホルダーが参加したくなるワクワクする問いを立てることで、多様なセクターの人々に参加を呼びかけるのです。

では、その問いはどこからでてくるのでしょうか。**問いは、社会的な課題に直面している当**

**事者の想いのなかにあります**。

想いを持った当事者に出会ったイノベーション・ファシリテーターは、当事者から本質的な想いを引き出します。そして**引き出された本質的な想いを問いに変換**するのです。

なぜ、想いを問いに変換する必要があるのでしょう。

それは、**想いをそのまま投げかけても、その当事者と同じ属性の人にしか届かない**からです。

たとえば、女性の社会進出という社会的な課題に当事者意識を持つ女性がいたとしましょう。その女性にとって、女性の社会進出は大きな関心事です。しかし、たとえば、〝女性の社会進出を考えよう〟と呼びかけたとしても、おそらく、それに応えて参加してくれるのは、当事者と同じ属性の人だけです。

同じような属性のステークホルダーだけが集まると、その場は愚痴を言い合うだけの場になってしまうことがよくあります。似た境遇なので、課題に対する見方にバリエーションがありません。また、人脈や資源も似かよう可能性が高いでしょう。同一属性にあるステークホルダーが対話をすると、境遇が似ているだけに気持ちの共有はできるかもしれませんが、イノベーションは起こりにくいのです。

想いを問いに変換すると、同じ属性のステークホルダーしか集まらないリスクを回避することができるようになるのです。

では具体的に、想いから問いをつくるというのは、どのようなことなのでしょうか。たとえば、世の中には「いじめをなくしたい」という想いを持った人はたくさんいます。ところが、同じ問題意識を持つ人がたくさんいるにもかかわらず、いじめはなくなりません。そこで、〝いじめをなくすには？〟という問いを立てるとしたらいかがでしょうか。みなさんはその話し合いに参加したいと感じるでしょうか。

学校でいじめを受けている子やそのご家族の方々など、課題の当事者は集まります。でも、当事者が集まって話をしたとしても、結局、問題は解決されにくいのが実情です。この「いじめをなくしたい」という想いから、どんな問いを立てればいいのでしょうか。

２００７年８月４日にＮＨＫの『課外授業　ようこそ先輩』[※9]という番組に、弁護士の堀田力さんが出演されていました。その回のテーマは**「みんなで作る。イジメをなくす憲法」**。想いを問いに変換した好例です。

「みんなで作る。イジメをなくす憲法」という問い。「みんなで作る」の「みんな」とは誰のことなのでしょうか。「イジメをなくす憲法」とはどのような憲法なのでしょうか。「いじめをなくしたい」という強い想いが少し緩和されて、これまでに話をしたことのない内容になっています。いじめをなくす憲法なんて、**あまり考えたことがありません**。

※9
『課外授業　ようこそ先輩』（http://www.nhk.or.jp/kagaijugyou/）

〝どんな憲法がつくれるのだろう……?〟。このような問いならセッションに参加して、たくさんの人たちと一緒にアイデアを考えたくなります。「いじめをなくしたい」というテーマなら、これまでに何度も考えてきました。そして、結局いじめはなくならないという経験もたくさんしてきたのです。だから、「いじめをなくしたい」というテーマで話をしましょう、と誘われても、あまり関心が持てないのです。

しかし、「みんなで作る。イジメをなくす憲法」のように、**あまり考えたことのない問いな**ら、人はもう一度、その問いに取り組んでアイデアを提供したくなります。

こんな問いなら「新しい教育についての枠組みが生まれるかもしれない」と感じた教育委員会の関係者が参加してくれる可能性も高まります。あるいは、きちんと招待すれば、この試みに興味を抱いた憲法学者が参加してくれることもあるでしょう。

**想いをストレートにぶつけるだけでは集まらなかったであろう多様な立場の人々を、想いから問いを立てることで招き入れることができるようになります**(図①)。

想いから問いをつくる例をもうひとつ挙げておきましょう。身内に認知症の患者がいて悩んでいる家族がいるとします。そのときに「認知症の人に手厚い社会福祉を」と言ったところで、集まるのは、認知症の方を身内に持つご家族の方など当事者意識の高い人たちだけです。

そこで、この想いを「認知症になっても自分らしくくらせる街ってどんな街?」と変換してみましょう。「認知症の人に手厚い社会福祉を」だと、他人ゴトのように感じられていた問題

## 図❶ 問いのイメージ図

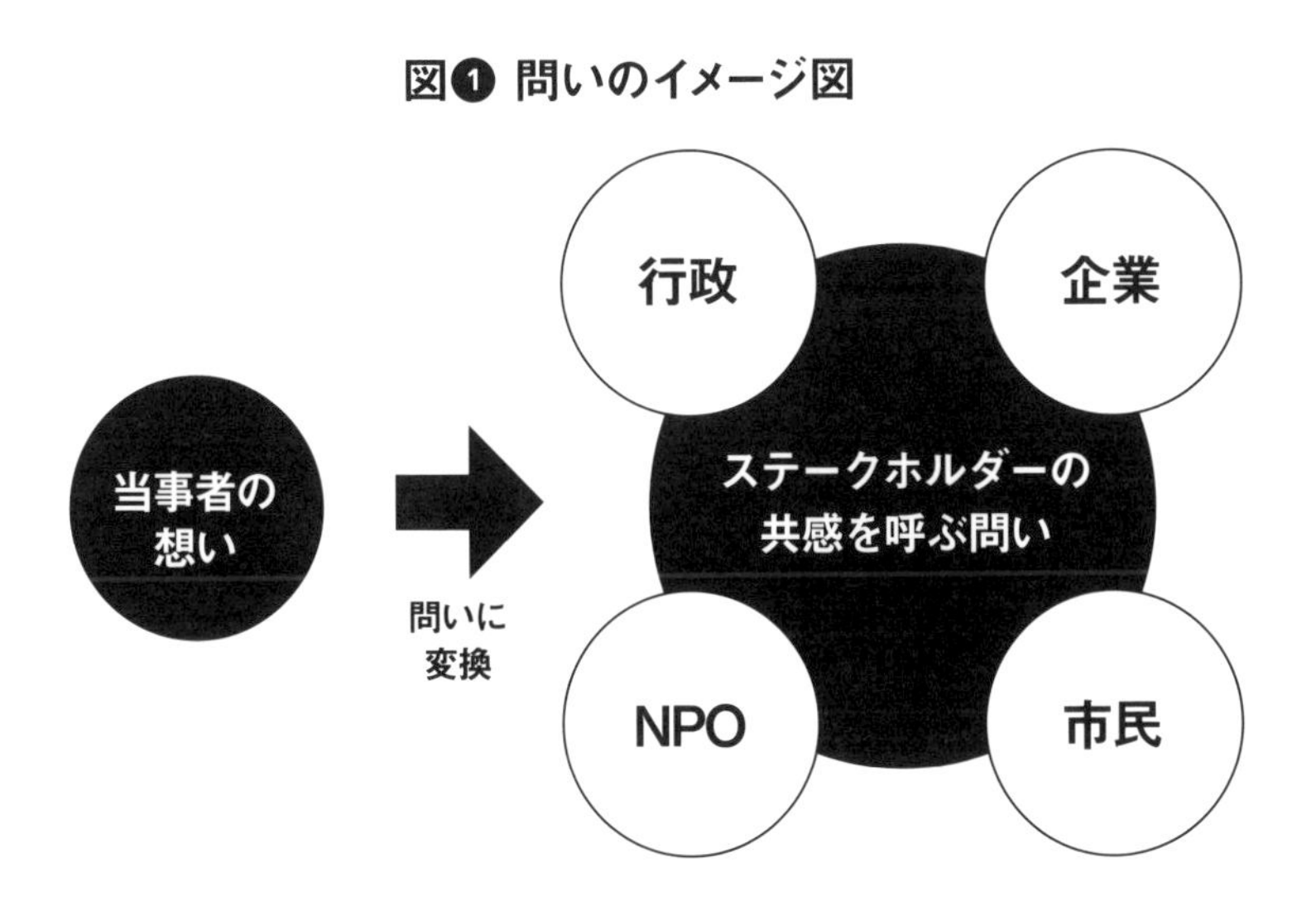


想いを問いに変換することによって、多様なステークホルダーの参加をうながす

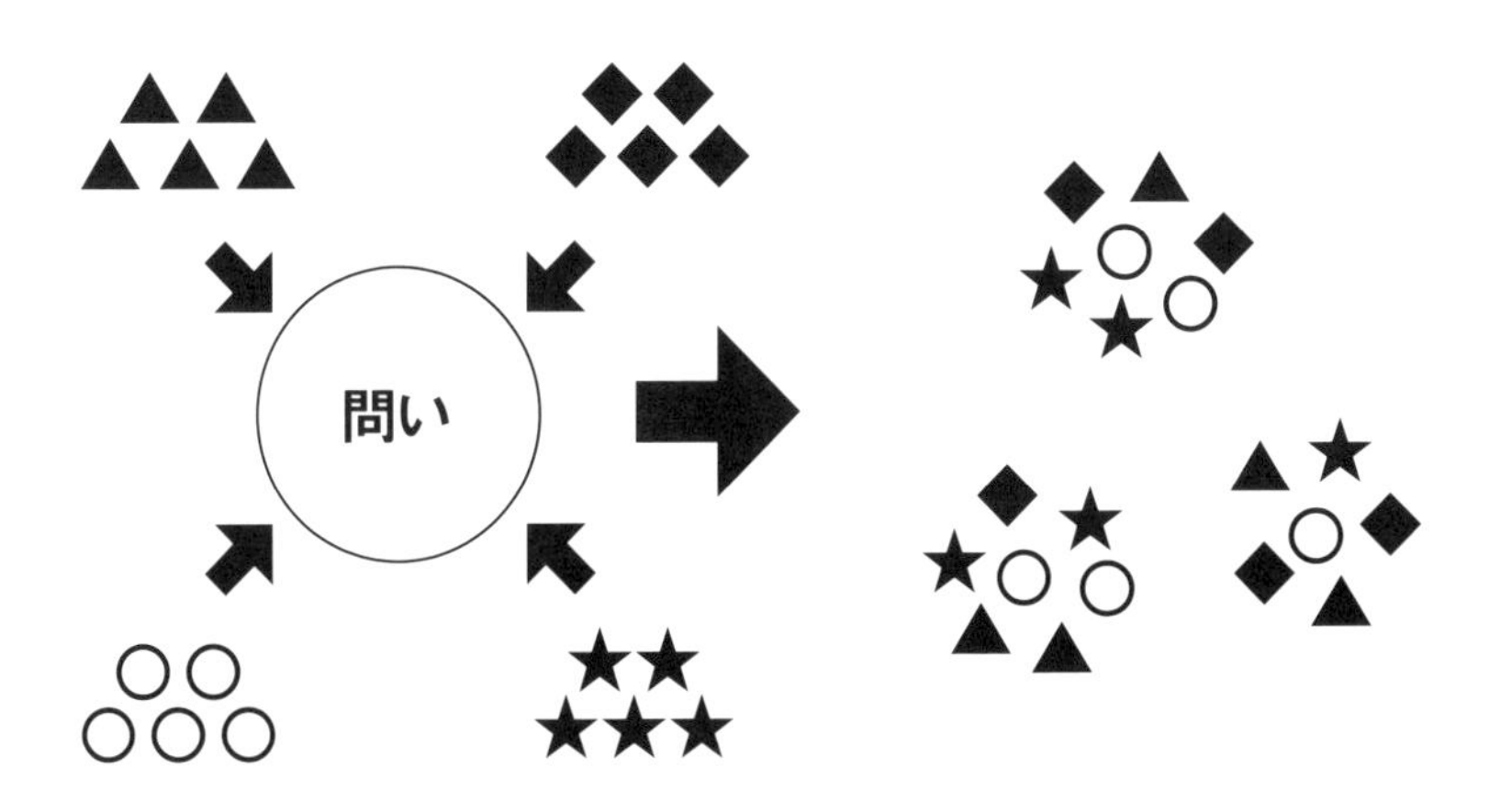


問いを中心に集まったステークホルダーが、これまでにないグループとして活動をはじめる

が、「認知症になっても自分らしくくらせる街ってどんな街？」というフレーズを見ると、次第に自分ゴトのように感じられてきませんか？　また、「認知症」という言葉と「自分らしく」という言葉の組み合わせが新鮮で、集まった人たちとなにか話をしてみたくなります。

この問いには、認知症という言葉が入っているものの、土台としてまちづくりというテーマが組み込まれています。そうなると認知症の当事者だけでなく、市民参加によるまちづくりに関心のある行政の人たちも興味を持つことになります。観光協会の人も呼べるようになるのです。また、サービス業の人にとっても他人ゴトではなくなります。**当事者の想いを問いへ変えることは、このようにステークホルダーの幅を大きく広げる意味を持っている**のです。

では、課題の構造を変えるための、いちばん単純な方法を紹介します（図②）。まず、一枚の紙に縦長の長方形を2つ左右に並べて書きます。そして、その2つの長方形に、〝一見対立しているように思われている概念〟を書き込みます。たとえば、1つの長方形に〝仕事〟、もう1つの長方形に〝くらし〟と書くと、これが、従来の〝ワークライフバランスという課題の構造〟を表した模式図になります。仕事とくらしを対立構造で捉えている限りは、この問題は解決しそうにありません。

これに対して、2つの長方形にまたがるように、横長の長方形を2つ上下に並べて書き加えます。当然、横長の長方形の線は、〝仕事〟と〝くらし〟という文字に重なります。この横長

**図❷ 課題の構造を縦から横に**

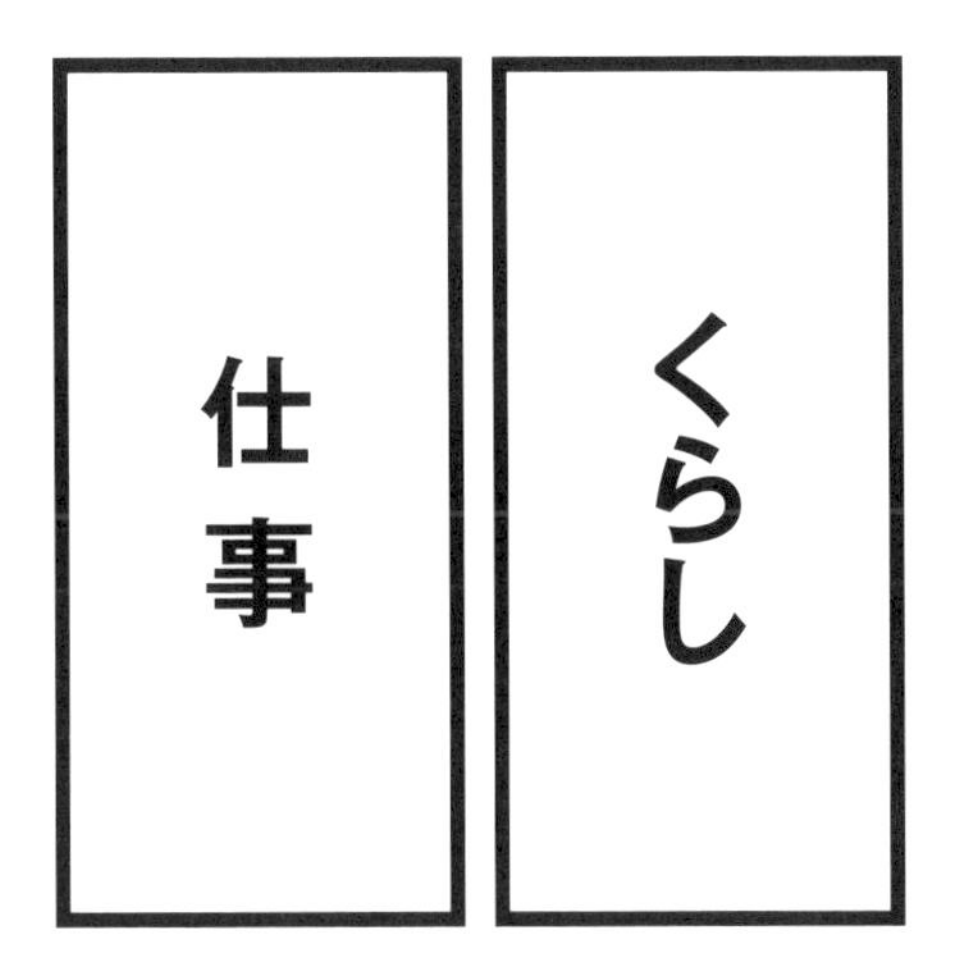


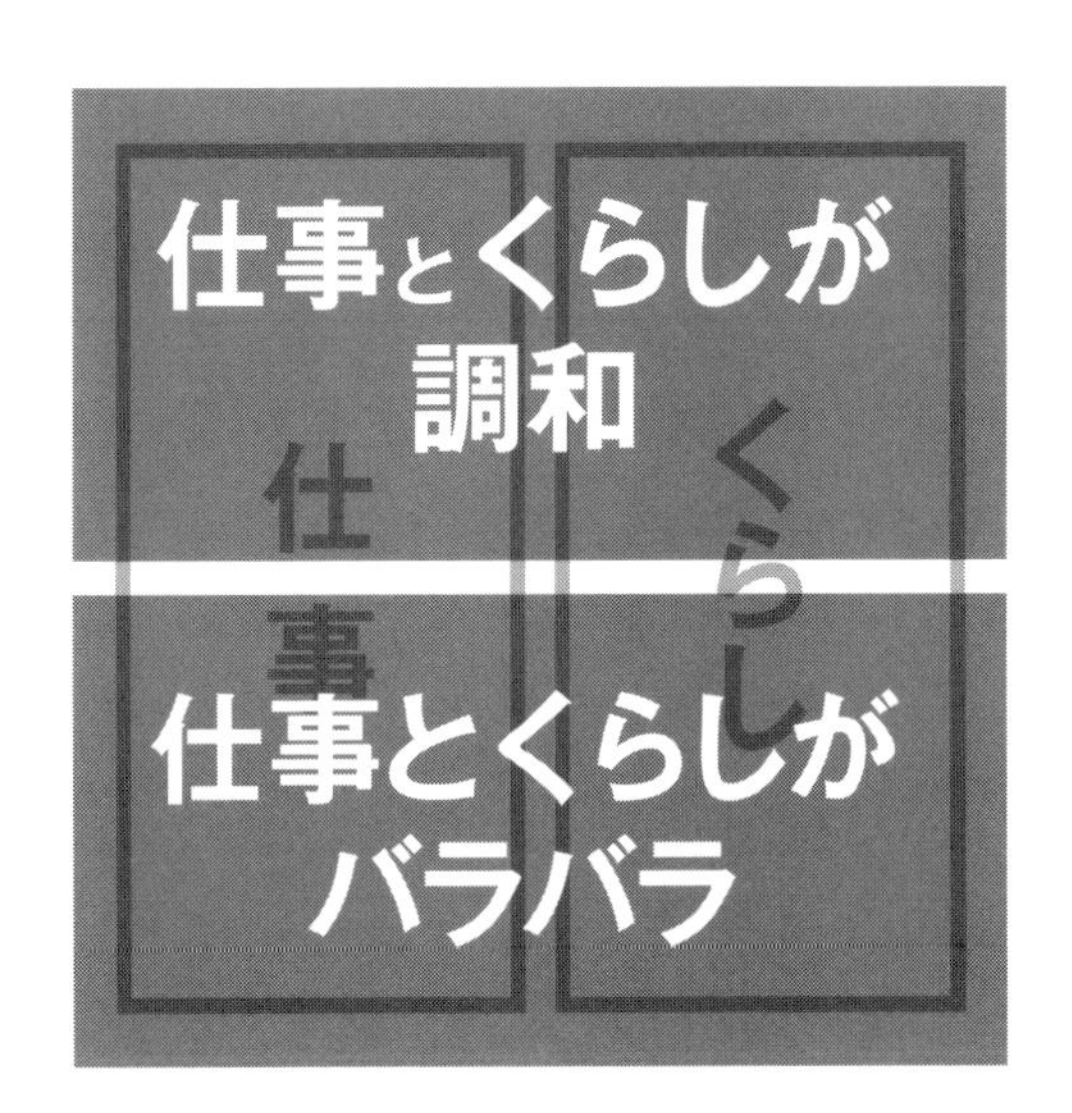

の2つの長方形に、違う色の文字で、こう書いてみましょう。上の長方形に〝仕事とくらしが調和〟と、下の長方形に〝仕事とくらしがバラバラ〟と。こうしてみることで、課題の構造が変わってきます。つまり、**ワークライフバランスの課題は、仕事とくらしのトレードオフではなく、仕事とくらしの調和がとれているかどうかにある、となります。**

このように、縦に分かれたものを横に分けてみるということが、もっともわかりやすい課題の構造を変える作業になります。女と男、地方と都市、遊びと勉強、などなど、なんでも縦を横にしてみるだけで、新しい課題の構造が浮かび上がり、フレッシュな問いをつくることができます。皆さんもぜひ、ご自分の抱えている課題で試してみてください。

## マルチステークホルダーを集める

想いが問いに変換されると、課題の構造が変わり、多様なステークホルダーの参加が可能になります。ではなぜ、多様なステークホルダーを招き入れる必要があるのかについて改めて話していきましょう。

フューチャーセッションズを創業する以前、わたしは富士ゼロックスに勤めていました。仕事では新規ナレッジ・サービス事業のＫＤＩ[※10]を立ち上げて、社員一人ひとりが持っている知識

※10
知識経営コンサルティング「ＫＤＩ」（ｈｔｔｐ：／／ｗｗｗ.fujixerox.co.jp/solution/kdi/）

や可能性を引き出す組織の経営手法の研究とコンサルティングをおこなっていました。

ＫＤＩでわたしが研究していたことの1つは、**〝部門をまたいで知識をうまく共有するために必要なことはなにか〟**を洗い出すことでした。わたしはそれをさぐるために、組織横断で複数の社員に集まってもらい、「仕事の内容はなんですか？」「どんなことで困っていますか」「仕事にどのような想いを持っていますか」といったことを問いかけて、回答をひたすらホワイトボードに書き出していきました。1時間もすると、その組織の抱える問題が、見事にホワイトボードに浮かび上がります。

このように人の想いを傾聴するうちに、わたしはあることに気がついたのです。**部門間の連携がうまくいっていないチームは、コミュニケーションに問題を抱えている**ということに。連携すべき人同士がお互いの立場をうまく理解できていないがために連携がぎくしゃくしているのです。

そこでは新しい仕事の仕組みや制度の検討がなされていたのですが、**お互いの立場が理解できただけで、いくつかの問題は解決しはじめていました。**そして、**新しい仕組みや制度ではなく、お互いがお互いのことをよく理解できるような体制や環境をつくればよい**という結論にいたったのです。

立場の異なる部門間で相手を理解すると関係に変容が起こります。お互いが相手の立場を思いやることができるようになり、他部署を活かす働き方を意識的におこなうようになります。

もちろん、このような気持ちになった上で、もっと助け合いをしやすくする仕組みや制度を導入すれば、たいへん効果的です。

フューチャーセッションでおこなっていることは、要するにこれと同じことなのです。同じ部門の人同士が話し合っているだけでは根本的な解決にはいたらない問題であっても、解決に必要なステークホルダーを想定して、お互いに立場を深く理解する対話の場をセッティングする。それにより課題の解決へと向かっていけるのです。

つまり、**社会的な課題を解決する鍵は、いかに解決につながりそうなステークホルダーを対話の場に招き入れることができるかにある**のです。

## よい問いとは、どのような問いなのだろうか

わたしが大学などでイノベーション・ファシリテーションを教えるときに、みなさんが問いの立て方に苦労しているのを感じます。どのような問いを立てれば、課題の達成に必要なステークホルダーを招き入れられるのかに悩んでしまうようです。

**問いはとても大切なものですが、正解は1つというわけではありません**。

こんな問いがいいのではないか、というものをつくってみたら、参加してほしいステークホルダーにその問いをぶつけてみて、関心ごとにつながるかを試してみることも必要でしょう。

参加者が1人も集まらなければフューチャーセッションは開けません。もしかすると、その社会的な課題がそもそも人の関心を集めていなかったのかもしれないし、問いのつくりかたに問題があったのかもしれません。ただ、そこで諦めてしまわずに、**「それならば、こういう問いにしてはどうだろうか？」と何度も考え続けること**が大切です。

問いは、一度立てたら、もう変えてはいけないというものではありません。社会的な課題の達成に向けて、何度もフューチャーセッションを進めていくときなどには、段階が進むたびに問い自体も変える必要があるでしょう。ですから、どんな問いならあのステークホルダーが来てくれるだろうかということは、ずっと考え続けなくてはならないのです。

これまでさまざまなフューチャーセッションを開いてきた経験から、わたしはよい問いには共通点があると考えるようになりました。そのポイントは次の3つです。

**（1）誰も考えたことのない問いであること**
**（2）多くの人がおかしいと思っているテーマであること**
**（3）公共性があること**

では、この3つのポイントについて、順に解説していきます。

## （1）誰も考えたことのない問いであること

問いのなかには、「もうその問いについては、いままでさんざん話し合ってきたよ」とつい言いたくなってしまうようなものがあります。

たとえば、「いじめをなくすにはどうしたらいいの？」「女性が活躍しやすい社会にするには？」「地域を活性化するには？」といった問いを思い浮かべてください。

もちろん、これらの問いは社会的には非常に大きな課題であり、なんとかしたいと思う人が少なくないことはよくわかります。ただ、こういった問題について関心を持っている人であれば、すでに一度や二度、あるいはもっとかもしれませんが、解決に導くアイデアを考えたことがあるのではないでしょうか。そして、これといった解決策にたどり着かなかったはずです。

考えても考えても解決策が見つからない。こういった状況が続くと、人はその問いに魅力を感じなくなってしまいます。考えても仕方がないと諦めに近い気持ちを抱いてしまうのです。

でも、扱うテーマが似ているとしても「男性も女性のように輝ける社会にするには？」「この地域にたくさんの遊び場をつくるには？」といった問いならいかがでしょう。そんな切り口で社会的な課題の解決を考えたことはなかったという人が多いはずです。

つまり、**まだチャレンジをしたことのない切り口の問いを立てる**のです。この問いであればチャレンジをすれば変わるのかもしれない、もしかすると社会的課題の解決につながるかもしれない、と思えてくるというわけです。

ステークホルダーに、考えてみたい、参加してみたい、と感じてもらうためには、このような**フレッシュな問い**を設定する必要があります。

**（2）多くの人がおかしいと思っているテーマであること**

多くの人がおかしいと思っているけれど、明確な解決策が見つかっていないテーマは問いを立てやすい、あるいは問いを立てるべきところです。多くの人がおかしいと思っているので、参加者を募りやすい問いが立てられる可能性が高いのです。

さきほどの話で言えば、「いじめをなくそう」「女性が活躍しやすい社会にしよう」といったテーマも、たくさんの人が同じように考えています。ですから、テーマ自体はよいのです。ただ、そこからどのような問いを導き出すかです。

あるフューチャーセッションを開いたときのこと。参加者のなかに、オリジナルの衣料品や雑貨を販売するファッションブランドの男性社員の方がいました。フューチャーセッションが終わると、わたしのところにその方が相談にやってきました。

「もし、うちの会社がフューチャーセッションを開くとしたら、どのような問いで開けばよいでしょうか」

そのファッションブランドは、若者の間でハイセンスな商品を取り揃える店として人気を集めています。わたしは即座に、「たとえば、〝リクルートスーツの未来〟のような切り口でのフューチャーセッションはいかがでしょう？」とお伝えしました。

これは担当の方の想いを引き出してから考えた問いではありません。ただ、切り口として、おもしろいのではないかと感じました。就職活動期間、街でリクルートスーツを着たたくさんの大学生を見かけるようになります。みんな、同じようなスーツを着ています。女子学生は髪を1つに束ねて、ヘアスタイルまでそっくりです。

あまりにも個性がなさすぎる気がしますし、企業の採用担当者も、逆に評価がしにくいのではないかと思います。では、何がリクルートスーツを学生たちに選ばせているのでしょうか。

このような問題意識のもと、リクルートスーツの可能性について問題意識を持っている人たちが集まって語り合えば、おもしろいことになるのではないかと思いました。まず、大学生には同じような問題意識を持っている人がいそうです。各大学の就職支援課の職員の方にも気になる問いでしょう。企業の採用担当者、大学の職員、アパレルメーカーの社員などのステークホルダーも頭に浮かびます。若者を研究している社会学者の方の参加も期待できそうです。

このように、**誰もがちょっと変だなと思っているテーマは、多くのステークホルダーの関心を集める可能性を秘めています。**

加えて、もう1つ気づかれたと思いますが、その問いを〝誰が〟立てるかで、そのおもしろさが変わります。リクルートスーツの未来であれば、おしゃれなセレクトショップが問いを立てているところが肝になります。以前取り組んだ、〝日本の男性の未来〟のセッションも、女性のことをいつも考えているはずの化粧品会社が立てた問いであることに、多くの人が関心を持ち参加しました。

### （３）公共性があること

問いに公共性が含まれているとステークホルダーの参加をうながしやすくなります。主催者の欲望が透けて見える問いだと多くの人はわざわざ足を運んでアイデアを提供したいと思いません。お金持ちになりたい、幸せになりたい、異性にモテたい……。そういった直接的な願望から問いを立てても誰も相手にしてくれません。

それより、せっかく公園があるのに誰も使っていないからなんとかしたい、まちにどんどん空き家が増えると治安が悪くなる可能性がある、地域の人たちの結びつきをもっと深めたい……、そんな**公共性の高い問いのほうが、人は参加したいと感じるもの**です。

## コアメンバーと一緒に問いをつくる

フューチャーセッションの企画は、最初に当事者とイノベーション・ファシリテーターの間ではじまります。そして、どんな人に参加してほしいかという、ステークホルダーの検討をおこないます。そのとき、各セクターの中心的な人物を運営グループに招き入れることをおすすめします。各セクターから参加してもらった多様性ある運営グループは、強力な**コアメンバー**[※11]になります。

当事者の想いを傾聴し、想いの奥にある本質にたどり着いたら、問題解決に必要なステークホルダーを集めるステップに入ります。まずは、ステークホルダーの中から、コアメンバーの目星をつけて、その人たちのための小さなセッションを開きます。そのセッションで、コアメンバーになってもらいたい人たちの想いを引き出すのです。その後、企画と運営に加わってもらうとよいでしょう。

フューチャーセッションの工程は、すでにこのときからはじまっています。**たくさんの参加者を募って場を開くことだけがフューチャーセッションではない**のです。

可能であれば、最初にコアメンバーとして招き入れるステークホルダーは当事者の**知り合い**であるとよいでしょう。誰かに紹介された人であれば、一度訪ねて一対一で話し合います。相手の背景をよく知っていればいるほど、コアメンバー間の信頼関係を結びやすくなるからです。

また、コアメンバーとして招き入れる人は、すでにその分野でなんらかのアクションを起こしている人が好ましいです。そういった人たちをコアメンバーに招き入れると強力なフューチ

※11
中核（コア）となって、プロジェクト全体を支える人たちのこと。

ャーセッションになる可能性が高まります。

イノベーション・ファシリテーターは、さまざまな社会的課題に対応できるステークホルダーの候補者を増やすために、**日ごろから多様なセクターの人と人間関係を構築しておくことが大切**です。

知り合いにコアメンバーになりうる人がいないときや、いきなりステークホルダーを集めるのが難しい場合は、気になる人を人脈やソーシャルメディアをたどって見つけてください。そして、一人ひとりに丁寧にコンタクトをとって参加の可否を確認しましょう。参加をお願いするときは、可能であれば、直接会いに行くのがいちばんです。

このように社会的な目的を達成するために必要なメンバーに会いに行って、まずは小さなコアメンバーのグループをつくります。丁寧な声掛けで集まってもらったコアメンバーは、しばらく後に開かれる大きなフューチャーセッションのステークホルダーの縮図です。その後もセッションを続けていくと、コアメンバーが所属するコミュニティの人々がステークホルダーとして参加してくれるようになります。

想いから問いをつくるときには、たとえば、行政の人、ＮＰＯの人、企業の人など、すべての人が納得して、関わりたくなる問いにしなくてはいけません。問いをつくることの難しい理由がここにあります。コアメンバーが話し合うことによって、問いは何度も磨かれていきます。

そんなふうに磨きこまれると、当事者の想いは次第に社会的な課題の達成に向けた**本質をつく問いへと育っていく**のです。

## イノベーション・ファシリテーターはあくまでもサポート役

イノベーション・ファシリテーター自身が、社会的な課題を感じている当事者である場合があります。しかし、そのような場合でも、イノベーション・ファシリテーターが、自身の想いから、フューチャーセッションを開くことをわたしはあまりおすすめしていません。

その理由は、イノベーション・ファシリテーターが想いを持った当事者である場合、**想いが強すぎて、フューチャーセッションに対して冷静な立場を守りにくくなってしまう**ためです。

想像してみてください。〝子育てしやすい街の未来〟というセッションを子育て支援NPOのイノベーション・ファシリテーターが開くと聞いたら、子育てを奥さんに任せっぱなしの男性は、「そんなところに行ったら、怒られちゃいそうだ」と逃げ出してしまうでしょう。**イノベーション・ファシリテーターの中立的な立ち位置は、そのセッションの参加者の多様性を担保するうえできわめて重要**です。

また、**自分自身の強い想いからフューチャーセッションを開いてしまうと、周囲に傲慢な印象を与えかねません。**自分の想いからフューチャーセッションを開くということは、言い換えるなら、すでに結論の方向性が決まったセッションに参加してほしいというメッセージになります。自分の創りたい未来の絵は決まっていて、その実現のためにたくさんの人に集まってもらって、力を貸してほしいとメッセージしていることになるのです。

その人のアイデアに共感する人ならば参加するかもしれませんが、多様なステークホルダーの参加は見込めません。

とはいえ自分の想いからセッションを開くことも、できないわけではありません。

そのための手段を1つ、お知らせします。**自分の問題意識と近く、そして強い想いを持っている人を見つけて、その人のためにフューチャーセッションを開く**のです。この役割を引き受けてもらったら、自分自身の想いは封印してください。そして中心人物になってくれた人の想いを中立的・客観的に掘り下げるのです。場合によっては、批判的に捉えることによって、多様な立場の人が参加しやすい問いに仕上げていきます。

たとえばあなたが、〝自律的に働く〟ことを推進したいイノベーション・ファシリテーターだとするなら、同じ想いを持っている人を見つけたら、その人に「なぜ？」を繰り返すのです。もし中立的・客観的に想いを掘り下げていくことができたら、その問いが〝自律的に働く〟ではなく、〝自分らしく働く〟ことであったことに気づくかもしれません。これをマネジメント職にあてはめてみると、マネジャーこそ、自分らしく働けていないのではないか、という問いが浮かんできます。「マネジャーが、自分らしく働ける組織とは？」という問いを発見したあなたは、組織全体に影響を与えるフューチャーセッションを開けるに違いありません。

## 引き寄せる問いと、引き剥がす問い

それぞれのフューチャーセッションには、ステークホルダーを招き入れるための、テーマとなる問いがあります。しかし、セッション当日、いきなりメインの問いについて対話をしようとしても、ステークホルダーには情報が不足しています。固定観念にとらわれているので、多様なアイデアを生む対話をすることができません。

そこで、小さな問いを組みたてながら、メインの問いが少しずつ自分ゴトになるようにしていくのです。

フューチャーセッションのなかで小さな問いを立てるときに気をつけたいのは、問いにはテーマを引き寄せる問いと、引き剥がす問いがあるということです。

たとえば、引き寄せなくてはならないテーマとは、エネルギーの問題やグローバルな課題など、いままであまり自分ゴトとして考えたことがないものです。このときにいきなり、〝未来のエネルギーの可能性について考えよう〟といっても、みんな自分ゴトとして話をすることができません。そこで、〝電源が喪失して、１ヵ月の間、いま使っている70％の電力でしかくらせないとしたら、あなたはどんなふうに30％を削りますか？〟といった問いを投げかけて、身近な問題に焦点を当てるのです。そうすることによって、**エネルギーの問題は他人ゴトではないのだという認識を持ってもらったうえで、だんだんと未来のエネルギーについての話に展開させていきます。**

一方、あまりにも身近になりすぎているテーマの場合は、逆に自分ゴトから引き剥がす問いが必要です。たとえば、女性の働き方の未来について話をしようとすると、〝ワークライフバランスがきちんと整った働き方がいい〟という意見が出てきがちです。ワークライフバランスを守る働き方というのが、誰もが７時間働いて、家でも家事をして、という均質化した優等生モデルをイメージさせてしまうのです。本当にみんな、その働き方を求めているのでしょうか……？　もし固定観念にしばられているのだとしたら、引き剥がす問いを用意して、発想の枠を取り外す必要があります。たとえば、〝本当に自分らしく、生き生き働く姿って、どういう働き方だと思う？〟というような問いかけです。また、仕事が大好きで一日中楽しそうに働いている人や、働きながらも子育ての時間に比重を置いている人などを招いておいて対話をすれば、働き方の**バリエーションの豊富さに触れることができて、多様な可能性を検討できるよう**

**になる**のです。

## 企業が抱える課題とフューチャーセッション

企業はさまざまな経営課題を抱えながら事業をおこなっています。

みなさんのなかにも、フューチャーセッションというイノベーションの手法を企業に持ち込むことで、社会との結びつきを強めたり、風通しのいい組織風土を育てたり、新商品や事業のアイデアを得たいと考える人も多いでしょう。

しかし、企業に勤める人が、自社のためにフューチャーセッションを開こうとしても、なかなかうまくいきません。企業ならではの乗り越えなくてはならない壁があるからです。

もし、企業に勤める人がセッションを開きたいと考えた場合、上司の許可を取る必要があります。まずはここがハードルです。

なぜ、上司の許可を取るのが難しいかと言えば、「フューチャーセッションという新しい手法を取り入れて会社にイノベーションを起こしましょう」という提案は、言い換えると**「いままでのやり方を変えませんか」「いままでのやり方よりいい方法がありますよ」と言っているようなもの**なのです。

いままでのやり方でやってきた上司としては、気持ちよく受け入れられないのは当然です。

そして、乗り越えなくてはならないもう1つのハードルが、「**投資に見合ったリターンはあるのか？」「どんな利益があるのだ？」**という質問です。これについても簡単に答えることができません。

それらのハードルを越えるには、**日ごろから会社の人間関係を大切にしておく**必要があります。上司との良好な関係性を築いておいて、こういった新しい手法が有効に働く課題テーマが社内で生まれてくるチャンスを待つことです。

企業にどのような利益をもたらすのかという話になったときには、**社外の多様なステークホルダーとつながりをつくってイノベーションを起こそうというプロセス自体が、これからの社会に必要な発想であり、それを実践する企業が社会的に評価されるようになることを伝えてください。**ライバル企業に先を越されたときには、重要なステークホルダーを押さえられてしまいます。また、他のセクターと協働する体制をつくっていくことは、イノベーションを起こす可能性を企業のなかで育てていくことになることも理解してもらうといいでしょう。

企業でフューチャーセッションを開くときには、重要な課題を解決し、どこかで業績につなげることが必要条件になります。自社にとっての利益と、社会にとっての利益をいかにして一致させるかが、社内と社外のステークホルダーの双方を納得させる上で必須になるのです。

フューチャーセッションはその特性上、他の企業からの参加者をはじめ他のセクターからの参加者が重要になります。当然、「わたしの会社の利益のために、みなさんの力を貸してください」と訴えたところで、多様な参加者の確保は見込めないのです。だからこそ、自社の事業につながりうるシェアードバリューを掲げることが必要になるのです。

また、フューチャーセッションの中立性を保つためにも、外部のイノベーション・ファシリテーターに依頼をするのは1つのスマートな方策です。企業側はコアメンバーとなって、一緒に、多様なステークホルダーを集めることができる問いを考えていくのです。

企業には、解決したい経営課題がたくさんあります。

ヒット商品をつくりたい、社会との豊かな関係性を構築したい、いまの時代に合った経営ビジョンを描き出したい、社員のモチベーションがあがる仕組みをつくりたい、部門を越えたチームを育てたいなど、課題は多岐にわたります。

フューチャーセッションは、あらゆる経営課題に効果を発揮します。たとえば、社員同士がちょっと話し合えば解決するように見える問題でも、ステークホルダーを集めてセッションをおこなうことで本質的な気づきを得ることができるのです。

その中でも、フューチャーセッションは特にどのような経営課題に向いているのでしょうか。

それは、**「新規商品・サービスの開発」と「次世代リーダーの育成」です。**

## 得意分野は新規商品・サービスの開発

新規商品やサービスの開発はフューチャーセッションの得意分野です。フューチャーセッションの特性は、一社だけでは解決できない問題に対し、多様なステークホルダーを招くことによって問題の構造を変えてしまい、そこから新たな商品やサービスを生み出せるところにあります。一社だけで考えていても気がつかなかった視点が得られるほか、多様なリソースと協働でビジネスを展開するといったことも可能になります。

そうなると問題は、どうすれば、多様なステークホルダーに集まってもらうことができるのだろうかという点になります。

**企業がフューチャーセッションを開く場合は、ビジネスの根底にある企業の想いについて、きちんと掘り下げて問いをつくる必要があります。その企業が持つビジョンに注目して、誰もが共感できるパブリックな問いをつくり上げていく必要があるのです。**

たとえば、衣料品をつくっているメーカーがあったとしましょう。

ヒットを飛ばして会社の売り上げを伸ばしたいと宣言するのではなく、その根底にあるメーカーとしての想いに注目します。そうすると「老若男女すべての人が楽しめるファッションを提供したい」という想いが見えたとします。想像力を働かせて、ファッションの楽しみを味わっている人が少ないと思われる、シニアに注目します。シニア向けの衣料品を開発するためのセッションです。それをどんな問いに変換すれば、多様なステークホルダーを招くことができるか考えてみましょう。たとえば「シニアが出かけたくなるのはどんなまち？」という問いにしてみましょう。売れる服をつくりたいというストレートな想いからはずいぶん違ったものになりました。問題の構造が変わってきています。

シニアが出かけたくなるまちづくりという文脈なら、いろいろな業界にとってプラスに働くので、多様なセクターの人が関心を持ちやすくなります。このように、**みんなが理解できて、なおかつ共感できるシェアードバリューをつくると、お招きしたいステークホルダーの顔が見えてきます**。

シェアードバリューをつくるという文脈で、違う例を使ってもう少し考えてみましょう。たとえばゲーム会社で、親が子どもに買い与えたくなるゲームを考えるとします。親が子どもに与えたくなるというと、教育的な側面を持つものがいいかもしれません。そう考えると、ステークホルダーも幅広くイメージできるようになります。

「2020年までに、世界に誇れるマナーを子どもが身につけるには？」という問いを設定したとします。そのような問いにするとホテル業界の人が参加してくれるかもしれません。また、教育関係の人もお招きすることができます。

シンプルに「ゲームをつくるので考えてくれませんか?」といっても、ゲームに関心のある人しか集めることはできません。しかし、このように**シェアードバリューを持つ問いをつくれば多様な業界関係者を招くことが可能**です。

多様なステークホルダーが集まれば家でゲームをするのではなく、ホテルマンから学びながらマナーを身につけるゲームが生まれるかもしれません。

会社内だけでこの企画を練ってきた場合、共同開発が可能なホテルをゼロから探さなくてはなりません。しかし、セッションを開いていた場合、**すでにホテルの経営者がステークホルダーとして場に参加していたならば、協働関係をつくるのもスムーズ**です。

## 次世代リーダーの育成にも効力を発揮

企業は常にリーダーシップがとれる人材を求めています。強力なカリスマ性を持ったリーダー、行動力のあるリーダー、マネジメント力の高いリーダー、指導力の高いリーダー……。企業はさまざまなタイプのリーダーを求めていますが、いま、一番必要とされているにもかかわらず、**いちばん不足しているのはクロスセクターで活躍できるリーダー**です。

クロスセクターで活躍できるリーダーは、たとえば、メーカーに勤めながら、行政を動かす視点を持っています。また、市民と協業するなかで新しいマーケットを掘り起こしたり、新しい角度からの技術革新の提案をおこなったりします。

これまで、企業活動は制約条件のなかでおこなわれてきました。たとえば、行政の指針やマーケットの区画といった制限です。

クロスセクターで活躍するリーダーは、そういった制限にとらわれず、法律そのものを変えてしまえばいいじゃないか、マーケットの常識自体を変えてしまえばいいじゃないかという発想でものごとを捉えることができます。

なぜ、そのような視点で活動できるようになるかといえば、多様なセクターとパイプを持ち、一企業内のような縦の関係性のなかではなく、行政、市民、NPOなどと横の関係性で物事を考えることができるからです。

フューチャーセッションを開くと、多様なステークホルダーと信頼関係を結びながら、さまざまなプロジェクトを動かしていくことになります。**フューチャーセッションを開くことは、自然に次世代型のクロスセクターで活動するリーダーを育成することになる**のです。

## 業界別「問いづくり」のイメージ

企業が新規商品・サービスの開発を手がけるときに、どのようなシェアードバリューを持つ問いをつくれば、多様なステークホルダーを集めることができるのでしょうか。

フューチャーセッション成功の鍵は、多様なステークホルダーを集めることにあります。ここでは、業界別に、〝たとえばこんな問いを立ててみてはどうか〟というサンプルをいくつか提示します。これはあくまでもイメージとして掴む程度のものです。実際には、同じ業界に属していても、企業の抱えている課題や企業理念に描かれた目指す姿の違いによって、立てるべき問いは異なります。

**【生命保険業界】**

生命保険会社は、お客様の身によくないことが起きる可能性がありますよ、そのときにお金が必要になりますよ、という危機感でビジネスを広げてきました。そこから少し発想の転換をして、お客様が元気なうちに付加価値のあるサポートをつくれないだろうかと考えてみます。その視点から、生命保険に加入するタイプの人は、ふだんどのようなことを感じているのかをリサーチして、それをもとに問いを立ててみましょう。

新たな金融商品をつくるというのはなかなか難しいことです。ニーズを発掘しようとする活動自体が、お客様の人生をトータルにケアするのだという企業姿勢を知らせる意味で、効果的なコミュニケーションにもなるはずです。

**本質的な意味において、生命保険に期待することはなんでしょうか。**それをもとに問いを立てます。生命保険の意味は人生のなかでの心配ごとをどうしたら軽減できるだろうかということ。言い換えると、心配ごとがあってもいかにそれに負けないように力強く生きていけるかということになります。

対話を通して未来を描く手法のひとつに、シナリオ・プランニング[※12]という方法があります。シナリオ・プランニングは、未来に起こりうるさまざまな可能性を想い描き、それぞれの未来に向けてアクションを起こすことを支援します。

生命保険会社でのフューチャーセッションでは、たとえば、このシナリオ・プランニングの手法を使って、人生に起きるかもしれないアンラッキーな出来事をたくさん出してみてもいいでしょう。そして、起こりうる重大なアンラッキーな出来事に対して、どのように力強く乗り越えていくかを発想し、プロトタイピング（試作）してみることができます。

人生のアンラッキーな出来事というテーマでも、多様なステークホルダーの顔が思い浮かびます。たとえば、いろいろな辛い目にあっている人たちを手助けしているＮＰＯの人々です。病気で苦しんでいる人のケアをしている人、薬物依存の人たちが立ち直れるように支援している人などと一緒に考えてもいいでしょう。また、そのようなことに関わろうとしている企業もたくさんあります。

問いとしては、「アンラッキーやアンハッピーなことに見舞われても、力強く生きていくためのプラットフォームをつくろう！」というのはいかがでしょうか。

※12
『シナリオ・プランニング』ウッディー・ウェイド（英治出版）

**問いの立て方のコツは、その会社が持っている根源的なミッションと、いま提供しているサービスのギャップに着目し、それを逆手に取るイメージです。**

**【自動車業界】**

自動車業界における典型的な問いに、「自動車を販売する会社から、人が移動することをサポートする会社へ」というものがあります。

このコンセプトは、いまどこの自動車メーカーも考えているところです。この「移動をサポートする」というコンセプトに対して、各自動車メーカーが、それぞれの会社の特徴を置いていくと問いが形づくられていきます。

たとえば、若者向けのクルマに強い会社であれば、「これからの若者が移動中に楽しめるコミュニケーションとは？」。自動車に限らず、若者は運転よりも、もっとコミュニケーションに集中したいのでは、という視点も含めてそんな問いを立ててみます。移動を目的とせず、移動中、あるいは移動した先にどんな楽しみを新たに生み出していくことができるだろうか、と問いかけてみます。あえてクルマの本来持つ価値を脇に置くことで、クルマに興味のない世代、ゲーム会社、エンターテイメント会社、さらには定住する若者を増やしたい自治体などにとっても、強い関心のある問いをセットすることができます。

そして、街のインフラとしての意識が強い自動車メーカーであれば、「超高齢社会になっても、誰もが自立して自分らしく生きるための街のインフラとは？」としてもいいでしょう。このように、それぞれの会社のコンセプトに合わせた問いを立てることができます。

未来に対する問いには、その会社の個性が出ます。たとえ既存の商品が似ていたとしても、その先に見ている未来が違えば、長期的にはまったく違う未来に到達するからです。**問いづくりの参考に、クライアント企業のＣＳＲレポートを読んでみることをおすすめします。美辞麗句が並んでいるだけと敬遠してしまうのではなく、その行間ににじみ出る想いを汲み取ってみましょう。競合企業のＣＳＲレポートを読み比べると、さらにその企業の問いづくりのヒントが多く得られます。**

**【エレクトロニクス業界】**

エレクトロニクス業界が市場に変化を起こすとしたら、それはモノからコトへ、というところになるでしょう。モノをつくるビジネスは、コストで中国や台湾などに勝つことができません。ですから、モノをつくるということから、いかに継続的なサービスを提供するビジネスへと転換できるかというところが肝になります。

たとえば、もっと売れるスマートフォンをつくろうとすると、もっと画面が大きいほうがいいとか、薄いほうがいいといったニーズがあるのですが、そちらではなくて、「もっと家族の絆が深まるサービスとは？」というような問いをつくります。

家族の絆が深まるサービスを考えたとき、おそらくスマートフォンもひとつの役割を果たせるはずです。そして、さまざまなサービスのアイデアが浮かんだときに、エレクトロニクスメーカーは、それらをつなげるようなアプリケーションをつくることが可能なのです。

そんなふうに用途にフォーカスを合わせながらも、社会的な観点で見ると確かにそれは大切だという文脈をそこに重ねていくのです。**単におもしろいね、便利だね、ということではなく、確かにそれが世の中にあるといいよねという問いにすれば、多くのステークホルダーに参加してもらうことが可能となります**。

スマートフォンの例を出しましたが、いちばん考えやすいのは、他の業界の提供価値を新しい視点で問いかける方法です。美容や健康、スポーツ、音楽など、その道のエキスパートがたくさんいる分野で魅力的な問いが立てられれば、強力なステークホルダーを集めることができるでしょう。たとえば「歩く人を増やす街をデザインしよう」と設定すれば、自治体、医療機関、健康器具メーカー、スポーツ用品メーカー、運動系団体、ペット関連会社などが興味を持つでしょう。**このセッションの成否を分ける最大の鍵は、なぜその問いなのか、という想いにあります**。この想いのストーリーがパワフルであれば、ぶれることなくフューチャーセッションを続けていくことができます。ただ、こんな技術があるから、といった自社都合の理由だけしかない場合は、求心力を保つことは困難です。

では、どうしたら力強い想いを中心に据えて、フューチャーセッションを設定することができるのでしょうか。それは、**「誰かのために本気になる」**ということです。これは、マーケティングで言うところの「誰のために＝ターゲットユーザー」[※13]と似ています。ここがぶれると、どっちつかずの商品になりやすいわけです。「誰かのために本気になる」ということは、何よりもその人を幸せにすることがプライオリティナンバーワンである、という信頼を得ることです。その結果が満たされなくても、新商品がヒットすれば結果オーライと思っているなどと疑われてしまうと、フューチャーセッションの求心力は下がらざるを得ません。

たとえばその会社が、街のウォーキングイベントを開催したり、社員がみんなで歩く活動を日常からしたりしていれば、この会社の「歩く人を増やしたい」という想いは伝わりやすくなります。つまりこの会社が、社員の健康、地域の健康を、歩くことを通して実現しようとしていることが本気であるならば、すばらしいフューチャーセッションになるということなのです。

**【日用品業界】**

日用品業界は社会の動き、社会の変化に常に目を配っておく必要があります。そして社会の変化に応じた商品を打ち出していかなくてはいけません。いま、日用品業界が注目すべき動向は、働く女性の増加と、高齢化です。人口動態にいちばん変化が起きるポイントなので、そこに重点を置きながら新しいニーズを見つけてみてはいかがでしょうか。

日用品メーカーにとって必要なイノベーションは、新しい商品カテゴリーを生み出すことで

※13
目標達成のために対象とされるユーザーの層のこと。年齢、性別、国籍、職業などから具体的なイメージで表したもの。

す。たとえば、いままで主婦だった女性が働きに出るようになると、新たに必要になるものはなんでしょう。掃除の手間を省けたり、洗濯の時間が短くなったりするような、そういうアイテムが便利なのでしょうか。

表面的にはそのように見えるかもしれませんが、**おそらくいちばんのニーズは「自分らしい仕事に就いたり、自分らしい働き方を獲得したりすること」**です。〝もし、自分が働きにでる女性だったら……〟。そんな想像力を膨らませてみると、いちばんやりたいことは洗濯ものを素早く片づけることではないと気づくでしょう。

働きに出た女性たちは、おそらくこんなふうに感じています。〝いままでは主婦として、自分らしく、自分のアイデンティティを持ってやってきた。でも、いざ仕事に出てみたら、仕事も中途半端、家でも中途半端。こんなのわたしらしくなくてイヤだ……〟。そこまで想像できれば、働きに出ている女性がいつも自分らしく過ごせるために、いったい何ができるだろうか、ということを考える必要があることがわかります。

彼女たちは自分の一日をどんなふうにマネジメントしたいのでしょうか。自分をコントロールするためにどんなものを求めているのでしょうか。そんな発想から問いを立てます。

ステークホルダーには、お掃除ロボットなどをつくっているエレクトロニクスメーカーや女性の就労支援に力を入れているリクルーティング会社などもいいでしょう。そんなメンバーで対話をすると、労働時間は従来の半分で質の高い仕事をして、残りの半分は家で質の高い家事をするような、自立したハーフアンドハーフの働きかたが見えてくるでしょう。仕事と家庭、友人との付き合いや趣味など、自分らしい適切なバランスを自分で選べる環境を用意することが、一人ひとりの〝自分らしさ〟の実現には大切だ、ということに気づくかもしれません。そうしたら、仕事をしているときに使いたいロボットと、家事をしているときに必要な日用品などをミックスしたくらしを新たにデザインできるようになるのです。

働きに出たのだからと、主婦としての役割の大切さを忘れてしまうのではなく、うまくバランスの取れるくらしを提案すれば、働く女性がより充実した毎日を手に入れるサポートができます。当然、このようなサービスは女性だけではなく、自分らしいバランスで働きたい男性にも受け入れられることになるでしょう。

問いとしては、「仕事も家事も丁寧におこないたい女性に必要なものとはなにか？」というのはいかがでしょう。**時間がなくなるからといって、いい加減になにかをすませるのではなく、本当の意味で、価値のあるものを女性が見つける手助けをする発想が重要**なのです。

**【ゲーム業界】**

ゲーム業界の一番の問題は、ビジネスとしては儲かるのだけれど、社会問題を引き起こすことも多く、社会的な存在価値に疑問を持っている人も多い業界だということです。

もし、フューチャーセッションを開くのであれば、**ニーズがあればどんなゲームでもつくる**

**という姿勢ではなくて、みんなが本当にやりたいことを引き出して、そこからビジネスを組み立てることが重要**になります。そういう本質的なことを提供していかなければ、長く繁栄する企業になるのは難しいと感じます。

人がもてあましている時間を埋めようというビジネスから脱却して、コミュニケーションの根源的なニーズを見つけることはできないでしょうか。たとえば、孤立している高齢者、引きこもってしまっている人など、ゲームやテレビに多くの時間を使っている人に対して、より自分らしく、人とコミュニケーションしていく方法を一緒に考えるのです。

表面的にはコミュニケーションを求めていない人が、潜在的に求めているコミュニケーションがあるとすれば、それはどのようなものなのでしょうか。たとえば、同じ立場にいる人とのコミュニケーションならつながってみたいと感じるかもしれません。あるいは、自分の可能性が広がるような新しいコミュニケーションなら興味を示すかもしれません。そんな人に向けた問いがつくれるといいのではないでしょうか。問いとしては、「1人でいたい人に必要なコミュニケーションとは？」というのはいかがでしょうか。このような自らの業界が解決しうる、社会課題から発想する問いのつくり方を覚えておいてください。

# 第3章　ゴールを見つめる

## ゴールのイメージを考える

フューチャーセッションが社会的な課題の達成を探究するプロセスであることはこれまでに述べてきたとおりです。また、フューチャーセッションは、想いを持った当事者の問いからはじまること、問いによりステークホルダーを招き入れることでイノベーションを起こすことも説明してきました。

ここで、もう一度、考えておきたいことがあります。それは、そもそもフューチャーセッションは何を目指すための活動なのだろうかということです。

想いを持った当事者に出会ったイノベーション・ファシリテーターは、当事者の想いに耳を傾けて、その本質を明らかにします。それは、**当事者の想いが実現されることによってどのように社会が変革していくかを考える**ということでもあります。

当事者が望む社会、それはたくさんの女性が管理職に就いて活躍している社会かもしれません。あるいは学校からいじめがなくなった社会かもしれません。**想いを持った当事者の数だけ、**

**社会的な課題の数だけ、実現したい未来は存在する**といってよいでしょう。

フューチャーセッションが扱うのは、1人ではとても解決できそうにない社会的な課題です。また、多くの人が違和感を覚えながらも、どうにもできない社会問題の解決です。そのように難解なものですから、ステークホルダーを集めて対話をおこなったからといって、すぐに解決できるものではありません。

そこで、イノベーション・ファシリテーターであるみなさんには、ぜひ3段階ほどのゴールイメージを持っていただきたいのです。すぐに問題を解決できるとは思わずに、いくつかのゴールを想定して、そのゴールを一つひとつクリアしていくことで、社会的な目的を達成することを目指してください。

## 大きなゴールを視野に入れながら小さなゴールを目指す

フューチャーセッションには設定しておくゴールが大きく3つあります。では、最初のゴールから、順を追って説明していきます。

フューチャーセッションの最初の**ゴールは、コアメンバーを集めること**です（図③）。

コアメンバーは、課題に直面する当事者の想いに共感して集まった多様性のあるミニマムな

## 図❸ フューチャーセッションのゴール

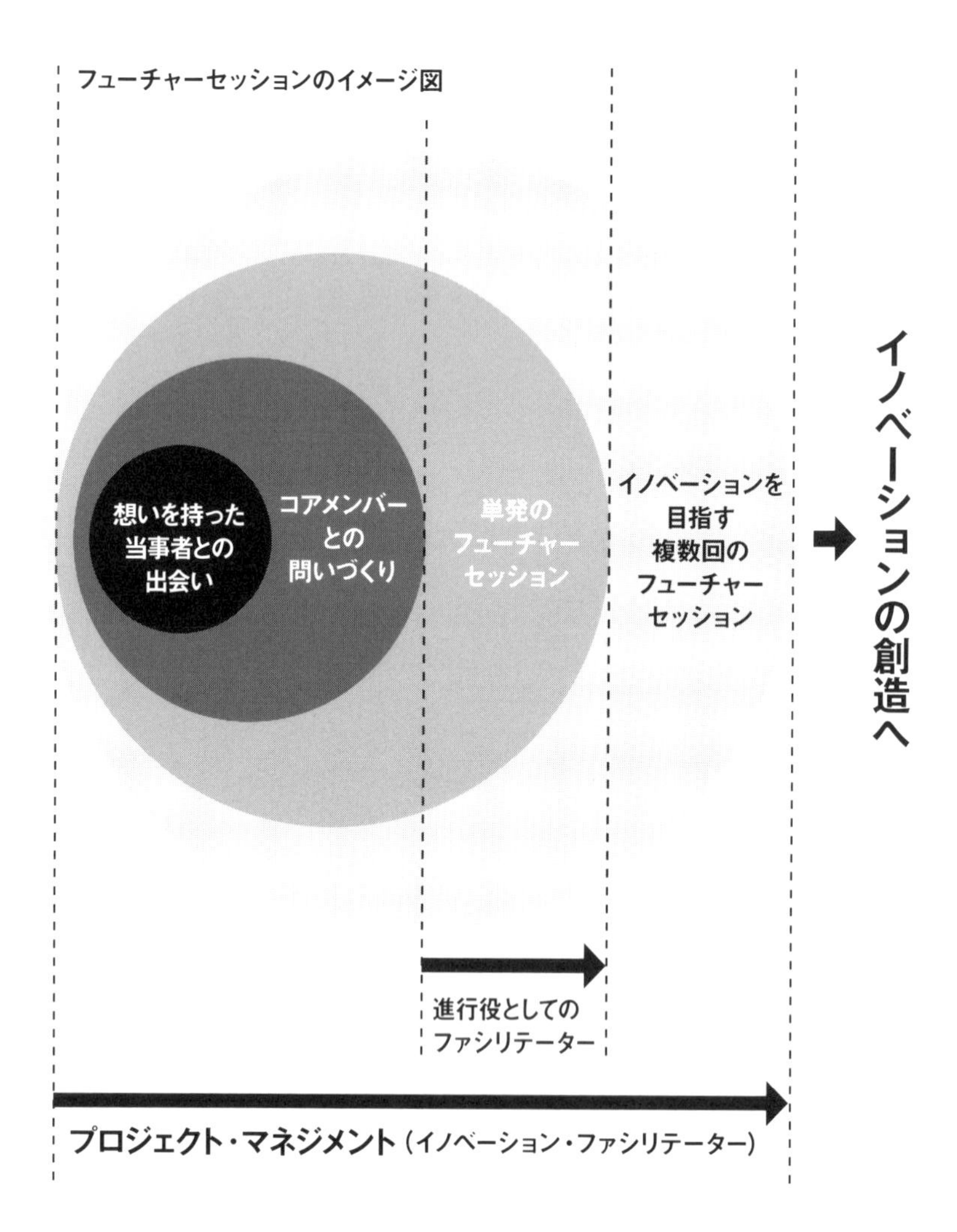

人数からなるチームです。いきなり大勢のステークホルダーを招いてフューチャーセッションを開くことはできません。まずは、各セクターのステークホルダーにアプローチをして、コアメンバーになってもらうところからはじめましょう。

ここで形づくられるコアメンバーは、のちの**大規模なフューチャーセッションの縮図**です。そのような状況がつくられたら、今度は、**コアメンバーのなかで問いを練り直す**のです。**それぞれのセクターで目立った存在であるコアメンバーがアイデアを提供したくなる本質的な問いとはなにか**。ここで問いはさらにブラッシュアップされていきます。

２つ目のゴールは、大勢のステークホルダーを招いておこなう**フューチャーセッションの開催**です。

当事者から想いを引き出して、それを問いに変換し、コアメンバーを招き入れるというプロセスが順調に進んだのであれば、ある程度の参加者に足を運んでもらえる状態になっているはずです。

コアメンバーが所属するそれぞれのコミュニティからステークホルダーが集まれば、多様性が確保されます。当事者の想いをステークホルダーと共有し、ステークホルダー同士も対話を通じてお互いの立場の違いや背景の違いを理解し合います。

そして、理解し合うことでそれまで交わることのなかったセクターを越えた関係性が育まれることになります。このように**ステークホルダー同士の関係性に変容が起きること。これが2つ目のゴール**となります。

3つ目は**プロジェクト全体のゴール**です。

セクターを越えた関係性が生まれると、従来の関係性からは生まれてこなかったアイデアやプロジェクトが沸き上がります。社会的な課題の解決には、そのようにして生まれたアイデアやプロジェクトが、ステークホルダーによって実行に移される必要があります。**彼らを支援し、モチベーションに働きかけることで、社会的な課題の解決に向けて全体を後押しする。これがイノベーション・ファシリテーターにとっての3つ目のゴールとなります**。

ここで登場したゴールは、1つ目、2つ目、3つ目というように、厳密に3回のセッションで進んでいく必要はありません。3つ目のゴールである社会的な課題の達成は、簡単に成し遂げられるものではありませんし、2つ目のゴールであるフューチャーセッションも、一度開催すればそれでよいというわけではありません。再びコアメンバーで集まって問いの練り直しをおこない、さらなるステークホルダーを集めて、もう一度、もう一度と、フューチャーセッションを開く必要も出てくるでしょう。

イノベーション・ファシリテーターの役割は、**3つ目の大きなゴールを目指すこと**ですが、辛抱強く目の前のゴールをクリアしながら、大きなゴールに向かいます。そのためには、じっくり時間をかけた取り組みが必要なのです。

## ゴールはあいまいなままでいい

長期的なゴール設定があることを伝えてしまうと、「フューチャーセッションを開くには、最初から最終的なゴールを明確にしておかなくてはならない」と感じてしまう人がいるかもしれません。

確かに、長期的なゴールの設定は大切なのですが、それを最初にがっちり決めて、そこに向かってまっすぐに進むことは簡単ではありません。目的さえずれていなければ、**最終的な目標もフューチャーセッションを進めるなかで変わっていっても問題はありません**。

しかし、そうはいっても、フューチャーセッションは、あくまでも社会的な課題の解決のために開かれるのだという意識は忘れてはいけません。たとえあとで間違っていたと気づくとしても、ゴールの仮説は持っていてください。

たとえば、２つ目のゴールイメージまでしか持っていないとしたら、「その日のフューチャーセッションをいかにうまくやるか」にとらわれてしまいます。参加者が盛り上がればいい、楽しかったという感想が多ければいい。そうなると、社会的な課題の解決とは別の意味が生まれてしまいます。それでは**フューチャーセッションの本来の役割とのずれが生じてしまうのです**。

一回のフューチャーセッションは、あくまでも**イノベーションが起きる未来に向かう過程のひとつにすぎない**のです。「うまく進行させなくては」「充実したアウトプットを出さねば」ということを気にしすぎる必要はないのです。**多様なステークホルダーが集まって、お互いの立場を理解し合うことで、ステークホルダーのなかに新たな関係性が育まれること**。大切なのはそこなのです。

イノベーションが起きて社会的な課題の達成に向けたアクションが生み出されるには、何度フューチャーセッションを重ねなくてはならないのかはわかりません。もしかすると、一度のフューチャーセッションで社会的な課題が解決するかもしれないし、１００回開いても何も起きないかもしれないのです。

わたしたちは**辛抱強く、未来に向けてフューチャーセッションを重ねていく**必要があるのです。

## 組織としてのゴールはどこにあるのか

では、企業でフューチャーセッションを開く場合はどのようなゴールを考えればよいのでしょうか。

企業では数値目標をつくることが重視されがちです。ある企業が、中期計画で1000億円の売り上げ増といった目標が設定され、それを実現させるビジネスアイデアを探しているとします。しかし、フューチャーセッションでは、そういった金額的な売り上げはゴールと考えません。

たとえば、新規事業を開拓することを1つの事業目標として設定していたとします。その事業領域には、ニーズはあるものの、まだ十分な市場が整っていないとしましょう。その場合、この会社ががんばって市場をつくることによって、適切な価格で品質の高いサービスが受けられるようになる可能性があります。

それが実現すれば**多くの消費者にとってベネフィットがあります**。また、もしすでにサービスを提供している企業があったとしても、カバーできていないニーズがあれば、そこを満たすことがゴールになる可能性もあります。

そのような視点が得られたら、**企業、行政、NPOなど、多様なステークホルダーにも、その新規事業を応援してもらえる可能性が生まれてきます。たくさんの人にとって意味のある企業活動になる**わけです。

企業が新規事業を立ち上げることにどのような意義があるのか。それを考えると、さまざまな社会的なニーズが見えてきます。また、事業を実現させるための多くのステークホルダーの顔が思い浮かびます。そのような状況になったら、コアメンバーやステークホルダーを招いて、フューチャーセッションを開きます。このように、フューチャーセッションを開くプロセス自体が、企業にとっての本質的なゴールを探す活動になっているのです。

**フューチャーセッションの本質的なゴールは、画期的な新商品のアイデアが出てくることではありません。もちろん、それも大切なのですが、本質的には、社会で活動しているそれぞれの人をつないでいくことで社会の仕組みそのものを変えていくことがゴールになります。画期的な新商品も、社会システムを変えていくためのひとつの要素にすぎないと考えるのです。**

フューチャーセッションに臨む基本的な姿勢は企業であっても変わりません。もっとも大切なことは、これまで断絶されていたステークホルダーの関係性をもう一度つなぎなおしてあげることなのです。それが成功してイノベーションが起こせると、結果的に得られる成果が売り上げという形として現れるのです。

# 第4章 信頼関係を生み出す

## セッションの目的をキープする

さて、ここまでは、フューチャーセッションをはじめるための下準備の話をしてきました。

ここからは、フューチャーセッション当日、イノベーション・ファシリテーターがどのような姿勢で臨むべきかについて話をします。

これまでにフューチャーセッションに参加したことがあって、実際の場の雰囲気だけを知っている人は、事前にこれだけの準備がおこなわれていることに驚いたかもしれません。いろいろな人が集まって、対話をして、楽しい雰囲気が感じられて……。フューチャーセッションを、そのような場だと感じていたかもしれませんが、実は開催当日まで時間をかけてこういった準備がおこなわれていたのです。

セッション当日が近づいてくると、イノベーション・ファシリテーターは次第にプレッシャーを感じます。「人がたくさん集まる場でうまく話ができるだろうか」「緊張して大切な話をし忘れてしまわないだろうか」「時間どおりにちゃんと進行できるだろうか」「参加者に満足して帰ってもらえるだろうか」。

一度心配になってくると、気がかりなことが次から次へと思い浮かびます。

でも、そんなときには落ち着いて思い返してほしいのです。

すでにお伝えしているとおり、フューチャーセッションの目的は、イノベーション・ファシリテーターがどのように評価されるかではありません。参加したステークホルダーから「あのファシリテーターはうまいな！」と感心してもらうことがフューチャーセッションの目的ではないのです。イノベーション・ファシリテーターとしての経験が浅いときは、ちゃんとしなければいけない、うまく立ちまわらなければいけない、ということに気持ちが向きがちです。でも、**自分の評価ばかりを気にしているようでは、参加者一人ひとりが安心して対話のできるフューチャーセッションを開くことができなくなります。**

時間どおりに進行することばかりを気にするのもよくありません。そこに心が奪われていると、ステークホルダーが置かれている状況を無視することになるからです。

たとえば、ステークホルダー同士の対話が盛り上がって、ようやく信頼関係が結ばれはじめています。ところが、**進行ばかり気にしているファシリテーターはその状況に気がつきません。**そして、温まりはじめた場の空気を無視して、「はい、このテーマでの対話はあと1分です！」

なんて声を張り上げてしまいます。**場が温まりつつある様子を感じたら、進行は遅れるかもしれませんが、もう少し場が温まるのを待ってみる。時間を気にしながらも、場の状況と照らしながら、調整をおこないます。**

また、参加してくれた人たちに満足して帰ってもらえるかばかりを気にしていたらどうなってしまうでしょうか。イノベーション・ファシリテーターは、良質なアイデアがアウトプットされることに固執してしまうかもしれません。ありきたりなアイデアばかりが出てくることになったら、セッションの途中から、「今日は失敗だった！」と元気がなくなってしまうことでしょう。

しかし、フューチャーセッションの本質はうまいイノベーション・ファシリテーターがいるとか、時間どおりにぴったりと進行できるとか、良質なアウトプットが出せるとか、そのようなことではないのです。本来目指しているゴールは、社会的な課題の達成です。問いをつくったり、コアメンバーに声を掛け直したり、再び問いをつくり直したりしながら、**何度もフューチャーセッションを開いて、やがて社会的な課題の解決を成し遂げることが重要**なのです。

フューチャーセッションは、想いを持った当事者に話を聞く場面からはじまります。また、強力なステークホルダーをコアメンバーに呼びこむために、各セクターの代表者一人ひとりに話を聞きにいくことも大切です。そして、コアメンバーたちの持つコミュニティそれぞれに関心を持ってもらえる本質的な問いをつくることも、フューチャーセッションの活動に含まれるのです。

**フューチャーセッションを開く段階にまで来ているのであれば、コアメンバー間にはある程度の信頼関係が芽生えていて関係性に変容が起きているはず**です。だからこそ、多数のステークホルダーを呼びこんでのフューチャーセッションが企画されたわけです。コアメンバーを集められたという段階でセッションはうまく進行するものと安心していいでしょう。

コアメンバー間での問いづくりも、ステークホルダーを集めたフューチャーセッションも根本的には同じです。想いに共感し合って、対話をして、信頼関係を深めて、関係性をつくり変える。これがステークホルダーを集めたフューチャーセッションのゴールなのです。**「イノベーション・ファシリテーターとしてうまく振る舞えるかどうか」よりも「参加者同士が信頼関係を強めていけたか」ということのほうがよっぽど大切**なのです。

社会変革という大きなゴールへ向かって進んでいくわけですから、答えはそう簡単には出ません。そのことを心に留めながら、フューチャーセッションをつくる準備をはじめてください。

## 参加者の緊張を解きほぐす

**フューチャーセッションの開催には、おおよそ2ヵ月くらいの準備期間が必要**です。社会的な課題に直面する当事者に出会って話を聞くのが、フューチャーセッション開催のおおよそ２ヵ月前。そこから１ヵ月ほどの時間をかけて、同じようなことに取り組んでいる事例はないか、あるいはフューチャーセッションを開くとしたらどんなステークホルダーに参加してほしいかといったことを調べたり、決めたりします。

また、参加してほしいコアメンバーに会いに行き、彼らとの関係性をつくります。そして、想いを持った当事者だけでなく、ステークホルダーも納得のできる問いをつくるのです。そのあとに、想いがより共有されて、対話が深まるフューチャーセッションのプログラムを考えます。

そして、フューチャーセッション開催の１ヵ月前くらいから、インターネットで告知ページを立ち上げたり、それぞれのコミュニティの人たちに参加を呼びかけたりして参加者を確保し、当日を迎えます。

フューチャーセッション当日、参加者の状況はさまざまです。

コアメンバー同士は知り合いになっているかもしれませんが、セッション当日が初対面ということもあるでしょう。

また、問いに関心を持って集まったステークホルダーのなかにも、知り合いがたくさん来ている人もいれば、誰も知り合いのいないなか１人で会場にやってきた人もいるかもしれません。

さらに、ステークホルダーのみなさんには、その日に何をするのかよくわかっている人もいれば、何をするのかまったくわかっていない人もいます。慣れない場の空気に緊張している人もいるでしょう。

そんな**さまざまな状態のステークホルダーを会場で迎えるために、イノベーション・ファシリテーターに必要なものは、彼らをもてなすホスピタリティです。一人ひとりに、来てくれたことへの感謝を伝えて、彼らがここにいてもいいことや、この場が安心できる場であることを示さなくてはいけません。**

たとえば、会場のつくり方1つにもその心遣いは表れます。

会場のレイアウトは、ともすれば学校の教室のように机と椅子が整然と並んでいたり、あるいは会議室のようにかっちり並べられていたりするかもしれません。イノベーション・ファシリテーターは、これをフューチャーセッションの流れに合わせて、どんどんつくりかえていってください。

会場のレイアウトは、それ自体が参加者にメッセージを投げかけるものです。たとえば、スピーカーが話をするスペースが前方にあり、そちらに向かって机と椅子が整然と並んでいる、いわゆる学校の教室のようなレイアウトになっているのを見ると、参加者は「今日は講義スタイルでなにか話があるみたいだ」と受け止めるでしょう。そして、会場に入ってきた順にバラバラと後ろの方から座りはじめるのではないでしょうか。なにも言わなければ、前から順に座っていくことは考えにくいはずです。

また、机と椅子でいくつかの島がつくってあり、机に付箋や模造紙、筆記具などが置いてあったら、「今日はなにかしらのワークショップをやるんだな」と感じ取るはずです。さらに、机がなく、空間をいっぱいに使って椅子だけの車座ができていたり、いくつかの小さな輪ができていたりするのを見たら、「今日はじっくりと対話をするのかな」と感じることでしょう。

机や椅子のレイアウトはフューチャーセッションの間もどんどん変更します。参加者の状況をうかがいながら状況に合わせて変えていくのです。〝全員の顔が見える状況で対話をして深め合ったほうがいいな〟とか、〝グループで手を動かして体験しながら理解したほうがいいな〟といった判断をおこなって、それを**実行しやすいレイアウトに調整する**のです。

緊張しがちな参加者はどのようにもてなせばよいのでしょうか。

ここはイノベーション・ファシリテーターそれぞれが**日ごろからどのようなホスピタリティを心がけて人に接しているかが問われる**場面です。

はじめてフューチャーセッションの場に訪れた人がいることに気がついたイノベーション・ファシリテーターは、できれば**セッションの開始前に、その人に話しかけておきましょう。他の参加者を紹介してあげることも有効です。おしゃべりをすることで緊張を解きほぐしてあげ**

**てください。**

知り合いが多ければ多いほど、信頼できる人が多ければ多いほど、イノベーション・ファシリテーターにかかるプレッシャーは小さくなります。知り合いの前でなら、失敗しても恥ずかしくもなくなるものです。ですから、あまり見かけない人がいた場合は、**どんどん話しかけて知り合いになっておく**とよいでしょう。

**参加者それぞれがどのような人なのかを把握すれば、それだけよい場になる可能性が高まります。**参加者それぞれのパーソナリティを把握しておくと、「この人は普段こういう仕事をしている人だから、フューチャーセッションのこのシーンで意見を求めれば対話が深まるかもしれない」「こちらの行政の方と、こちらの企業の方が連携したらユニークなアイデアが生まれるかもしれない」ということがわかるようになります。

参加者が互いの立場を理解することはフューチャーセッション成功の大きな要素のひとつです。イノベーション・ファシリテーターの立場からしても、参加者のパーソナリティを知っておくと、それだけセッションの成功率は高まるというわけです。

## 手あげルールでアイスブレイク！

ワークショップや対話などの場では、参加者の緊張を解きほぐすアクティビティが導入されることが一般的です。このアクティビティのことを**アイスブレイク**[※14]といいます。

わたしがよくおこなうアイスブレイクは、「手あげルール」の練習です。簡単ですし、その後のフューチャーセッションの進行にも使えるので、本当によく活用しています。やり方は、どれだけ対話が盛り上がっていたとしても、イノベーション・ファシリテーターが手を挙げているのに気づいたら、参加者は話をやめて手を挙げるというもの。全員できるまで手は挙げ続けてもらいます。

たとえば、こんなトークから「手あげルール」のアイスブレイクに入ります。

「これから本格的な対話をおこなうまえに、ちょっとしたルールをお伝えします。みなさん、対話がはじまると夢中になって話し込んでしまうんですね。それこそ、わたしの話がまったく聞こえなくなるくらいに。いったん話を終えて次に進みたいときに、わたしはみなさんに向かって『はい、時間ですよ！』と、手を叩きながら大声で対話を止めるなんてしたくありません。そこで、『手あげルール』をやってみたいと思います。まず、対話を終えてほしいと思ったらわたしが手を挙げます。それに気がついた人は、話を止めて手を挙げてください。みんなの手が挙がって、場が静かになったら、次に進みます」

ここまで説明したら、いったん、みんなで練習することを提案します。ここからがアイスブレイクです。

※14
初対面の人同士が出会うときに場の緊張を解きほぐすために使われる手法。集まった人たちを和ませてコミュニケーションの取りやすい状態をつくる。

「それではとなりの人とペアをつくってください。ペアになりましたか？　相手がいない人はいませんか？」

ここで**全員がペアになっていることを確認します。ペアが見つからないまま、場が進んでしまうと、取り残された人は不安を感じます。ですから、必ず最後のペアができるまで待っていてください。**「どうしても1人あまってしまうときは3人組ができてももちろん大丈夫です」ということも伝えます。もしくは、イノベーション・ファシリテーター自身がペアに加わってもかまいません。

全員がペアになっていることを確認したら、ペアになった相手とできるだけ〝どうでもいいこと〟について話してもらいます。たとえば、「今日の朝食に何を食べたかを話してみてください」とか「どんな動物が好きか話してみてください」。難しいテーマやその人の価値観が浮き彫りになる問いかけはしないほうがいいでしょう。どうでもよくて、誰でも話しやすいことから対話をはじめます。

参加者同士が話をはじめると、すぐに会場全体がざわざわしてきます。するとわたしは、わりと早いタイミングで、すかさず手を挙げます。

そして、こう言います。

「みなさん、これはあくまでも手あげルールの練習です。みなさんの朝食の内容を知りたいとは思っていないので、そんなに熱心にならなくてもいいんですよ」

おしゃべりに夢中になっていた参加者は、すぐに練習だったことを思い出して、笑ってしまいます。これだけで会場は大いに盛り上がるのです。

**短い時間とはいえ声を出して話をしたことで緊張もほぐれます。**ぜひみなさんも、フューチャーセッションを開くときには、この手あげルールをやってみてください。

手あげルールは、本編となるフューチャーセッションがはじまってからも、もちろん大活躍します。そろそろ対話を終えてもらって、次に進めようと思ったときには、すっと手を挙げてみてください。手を挙げるイノベーション・ファシリテーターに気づいた参加者は順に話をやめて手を挙げてくれます。アイスブレイクになることに加えてスムーズな進行もサポートしてくれるのです。

## 想いを共有する

アイスブレイクで場が温まってきて、参加者の間にホッと落ち着いた空気が流れはじめたら、ストーリーテリング[※15]という想いを共有する時間をつくる段階へ進めます。

想いを共有する場面では、そのフューチャーセッションを開くことになった、そもそものき

※15 想いやコンセプトを聞き手に伝えるための手法。

っかけや想いなどを紹介します。

想いを持った当事者に今回立てた問いの背景となる社会的な課題に対する想いを話してもらい、さらに、必要があればコアメンバーになってもらった行政の人、ＮＰＯの人、企業の人など、それぞれのセクターの人にも想いなどを語ってもらいます。

普段、人前で話をすることに慣れていない人が話し手になった場合、想いの共有がうまくいかないことがあります。はじめて見る顔もたくさん並んでいるところでマイクを持って話をすると、話が淡泊になり、時間も短めに切り上げてしまうこともあります。

しかし、**この段階でフューチャーセッションを開いた当事者やコアメンバーの想いをステークホルダーに浸透させる必要があります。それをきちんとやっておかないと、ステークホルダーはそもそも何のために参加していて、何をしていいのかがわからなくなってしまうからです。**

**イノベーション・ファシリテーターは、当事者やゲストスピーカーが話をする様子を見ながら、参加者の様子も感じ取ります。しっかりと想いが浸透しているかを確認するのです。進行を頭の片隅に置きながらも場の状況を冷静に感じ取る視点が必要です。**経験を重ねるとだんだん落ち着いて場の状況を感じ取れるようになっていきます。

以前、代官山で「代官山まちづくりサポーター募集！～代官山の新しいツアーをつくろう」というタイトルでフューチャーセッションを開いたときのことです。代官山らしさを保ちながら、このまちをもっと盛り上げていきたいという主催者側の想いや危機感が、うまく浸透していないままセッションが進んでいました。

すると、休憩時間に参加者の方からこんなコメントをいただきました。

「主催者のみなさんの話を聞いていると、代官山というエリアはすごく順調でうまくいっているような印象を受けました。知名度も高く、くらしている人にも愛されています。こんなにうまくいっているのであれば、今日はいったい何を話せばいいのでしょうか。なんのために参加しているのかよくわからなくなったのですが……」

わたしはマイクを取って「代官山の皆さんの問題意識に関するわたし自身の理解をもう一度、お話しさせていただきます。もし間違っていたらご指摘くださいね」と、代官山でフューチャーセッションを開くことになった経緯について話をさせてもらいました。

フューチャーセッションの発端となった当事者である代官山の皆さんも、話を聞きながら笑顔でうなずき、地域の外から参加した皆さんも納得した様子です。次の段階に進む活力が場に生まれました。その結果、フューチャーセッションの終わりには、「これまで気がつかなかった代官山の魅力に気がついた」「これまでより代官山が好きになった」というステークホルダーがたくさん生まれたのです。

**当事者の想いが上手に伝わると、場に参加しているステークホルダーは社会的な課題を「自**

**分ゴト」**として話しはじめます。うまく伝わっていないときは、ステークホルダーは段階が進むたびに「問い」を確認しようと、何度も進行のスライド[※16]に顔を向けます。要するに、なんのために対話がおこなわれているかがよくわかっていないと、問いが頭に入らないのです。

こういうときは、問いの表現が冗長で覚えられないのか、そもそもこのセッションの目的や想いが共有できていないのかを判断するようにしてください。必要があれば、**再度問いを浸透させる時間をつくることも大切**です。

## あなたの気づきに興味があるというメッセージ

場の全体で想いと問いの共有ができたのちには、当事者やコアメンバーの話を聞いて感じたことを参加者同士で話し合う時間を設けてください。

そもそも、問いに反応して集まった人たちなのですから、ステークホルダーの一人ひとりにもなんらかの想いがあるはずです。当事者の想いやコアメンバーの話を聞くと、ステークホルダーの間にも話したいムードが高まってきます。

ペアをつくってもらいお互いの話を傾聴するようにうながすと、参加者はトークから気づいたことや感じたこと、それから普段から自分が思っていたことをどんどん話しはじめます。そして、当事者の想いやコアメンバーの想いを、**自分ゴト**として受け止められるようになってい

※16
パワーポイントなどでつくった資料のこと。プロジェクターでスクリーンに投映して、セッションの進行を参加者にわかりやすく伝える。

きます。

参加者がペアでトークをしているときに、あなたはイノベーション・ファシリテーターとして、どのようなことを気にしなくてはならないのでしょうか。

イノベーション・ファシリテーターは想いを持った当事者の話を最初にじっくり聞いた１人です。ですから、その当事者の想いが、参加者同士の間でどのように共有されて、参加者一人ひとりからどのような想いが引き出されているのか気になるはずです。

形式的な進行をしていると参加者同士に話をしてもらったあとに、「それでは次に移りましょう」と、流れを優先して次のステップに進めてしまうことがあります。その姿勢は会場全体に次のようなメッセージを発信しています。

**「わたしはあなたたちがどのように想いを共有して、そこからどんな気づきがあったのかについてあまり興味がありません」**

つまり参加者同士の対話から生まれた想いを無視することになるのです。

「参加者のみなさんで気づきを共有していただけましたでしょうか。では次に移りたいと思います」。そんなふうに進行していくセッションを、もしかしたらみなさんも体験したことがあるかもしれません。そのような姿勢では参加者とファシリテーターの信頼関係の構築のチャンスを逃すことになってしまいます。結果的に参加者同士が信頼関係を結ぶことも難しくなります。

では、どのような姿勢で臨めばよいのでしょうか。たとえば、ステークホルダー同士でペアになって話をしてもらって気づきの共有がおこなわれたら、できるだけ多くの参加者に、話した内容や気づいたことを〝興味を持って〟尋ねてください。

イノベーション・ファシリテーターは、**どれだけ大人数を相手にしているときでも、常に参加者とは一対一の関係で話す姿勢を保つことが重要**です。一人ひとりに向き合って、真剣にじっくりと話を聞きます。そうすることにより、参加者はこのようなメッセージを受けることになります。

**「あなたの考えたことや気づいたことを教えてください。一人ひとりの想いにとても興味があります」**

そうすると、**参加者は自分の気づきや意見が大事にされていることを感じ取ります。**いつでも自分が言いたいときに、自分の意見を全員の前で言えるんだという感覚が、場に対するオーナーシップを生み出します。

また、それぞれのペアにどんな気づきがあったのかを会場全体で分かち合うこともできます。一人ひとりの意見を大切にすることで、参加者の参加していることへの実感が強まり、それだけ場の人間関係にも信頼が持てるようになっていきます。

## 傾聴に特別なテクニックはいらない

ペアで話をしてもらうときには、最初に１人が話をして、もう１人はじっくりと話に耳を傾けます。

ファシリテーターの勉強をしていると、ここで、聞き方のテクニックなどが出てくることがあります。たとえば、相手の話に大きくうなずいたり、相手の言葉をオウム返しにして話の続きをうながしたり、「ということはどういうことでしょう」「具体的なエピソードを聞かせてもらっていいですか」など、言葉を重ねることで話を引き出すという方法です。

もちろんそういったテクニックを身につけることは悪いことではないのですが、あまり手法に頼っていると、「あ、この人は傾聴のテクニックで話を引き出そうとしているんだな」と、相手に気づかれることがあります。そうすると白けたムードになるので気をつけましょう。

当事者の想いやコアメンバー、ゲストスピーカーの話を聞いたら、会場にいる参加者には話をしたいことがあふれます。どんどん話したいわけですから、あえて話を引き出すテクニックは必要ありません。イノベーション・ファシリテーターは、「話を聞く方は、さも楽しそうに聞いてあげてください」と伝えておくだけで、想いはどんどん共有されていきます。

大切なのは傾聴のテクニックではありません。**相手の想いや気持ちに興味を持つという姿勢**こそが重要なのです。

興味を持っているからこそ、話を聞くとうなずきます。「それって具体的にどういうことなのですか」など、もっと掘り下げて聞きたくなります。あくまでも気持ちが優先。気持ちを大切にすればテクニックは身につくくらいに考えてください。傾聴のスキルはなくても、人の話をじっくり聞くことは可能なのです。

**自分の想いを熱く語る機会、それを他人にじっくり聞いてもらえる機会は、日常生活のなかにほとんどありません**。どうでもいい雑談ならたくさん話す機会があるのですが、「僕は世の中に対してこんな想いを持っていて、この問題をもっとなんとかしたいと思っているんだ」というようなことはあまり話せないものです。

仮に話したとしても「そっか。いろいろなことを考えているんだね」とか、「がんばったらいいんじゃないか」という返事が返ってくるくらいで、がっかりすることもしばしばです。ほんの2～3分でも誰かに想いを傾聴してもらい、しっかりと受け止めてもらえると、とてもうれしく感じるものです。イノベーション・ファシリテーターはそのことを理解してその時間をつくります。それだけでもステークホルダー間の信頼関係が強まります。

# 第5章　参加者一人ひとりを主人公にする

## 追体験のプロセスを提供する

フューチャーセッションには、さまざまな対話の手法を盛り込みます。これらの手法は、参加者にいままでとは違う課題の構造について、追体験をうながすために取り入れられるのです。たとえばペアになって互いの話を傾聴し合う手法は、どんな追体験をうながしているのでしょうか。

ペア対話をおこなうと、ほんの2~3分であっても、人の話にじっくりと耳を傾けるとたくさんの想いが引き出せることがわかります。

講義形式で「初対面同士の人であってもしっかり相手の話に耳を傾けましょう。ちゃんと話を聞いてくれていることがわかると話すほうも安心できます」と伝えたとしても、そんな効果があることはなかなか理解できないものです。

それよりも、実際にペアトークをしてみるのです。そうすると、初対面の人同士であっても信頼関係を結ぶことができるということに体験のなかで気づくことができるのです。

そんなふうにさまざまな追体験を繰り返しながら、立場の違うステークホルダー同士でも信頼関係を結び合えること、立場が違うからこそ多様なアイデアが生まれてくること、お互いのリソースを活用し合うプロジェクトがつくれることに気づいていくのです。

対話にはさまざまな方法があり、その手法ごとに追体験の内容は異なります。

たとえば、対話の手法の1つであるフィッシュボウル[※17]（金魚鉢）は、誰もが場の主人公になることができることを追体験できる手法です。金魚鉢という名前のとおり、円を描くように椅子を配置して、空間の真ん中に5脚ほどの椅子で小さな円をつくったら、そのまわりに20脚ほど椅子を配置して大きな円をつくります。これで、二重の椅子の輪ができあがりました。

内側の円でおこなわれている対話を、外側で円をつくっている人も含めて、全員が共有します。そして、フィッシュボウルで対話をおこなうときは、常に内側の円の椅子がひとつだけ空いた状態になっています。この空いている椅子は、外側の円に座っている人なら、誰でも一歩踏み出してそこに座って、対話に参加することができるように置いていきます。外側にいる人が、空いている内側の椅子に座ると、内側の椅子に座っていた誰かひとりが外側の円に移動します。そんなふうに、内側の円の椅子は常に1つ空けておきます。

このフィッシュボウルがメッセージしている追体験はなんでしょうか。

フィッシュボウルでは、誰もが中心の輪のなかに入って発言することを可能にすることにより、**「あなたは、いつでもこの社会的な課題に対して、リーダーとなって発言することができる」**ということを示しています。

※17 対話を深めながらその内容を参加者全員で共有する手法。二重に輪をつくり、内側の輪の人が対話をする。外側で話を聞いている人はメモを取っておく。

**内側の円に常に空いた椅子が１つあることによって、いつでもそこへ行って対話の輪に入ることが可能なのです。それを意識させることで、対話の中心にある社会的な課題をより自分ゴトに近づけてもらうわけです。**

## テーマを自分ゴトにする

内閣府の最先端研究開発支援プログラムには、バイオテクノロジー、免疫研究、宇宙開発などさまざまな分野の研究者が集っています。そんな日本の最先端の研究者が集まる場所でフューチャーセッションを開きました。

そのときの問いは、「２０３０年の未来に、ここにいる研究者すべてのプロジェクトが目標を達成したら日本はどんな社会になるだろうか？」です。会場には、未来の社会の姿を考えるために、たくさんの研究者と、また同じくらいの数の社会的アクターと私たちが呼んでいる、社会的課題の解決を目指している方々をお招きしていました。

多様な分野の研究者と社会的アクターが、どれくらい自由に、かつ創造的に未来を描くことができるかが、この日のチャレンジでした。アイスブレイクでは〝16年前には存在していなかったけれど、いまでは当たり前になっているものはなに？〟というテーマでペアトークをしてもらいました。それに続いて、〝16年後の未来から現在を振り返ったときに、どんな想像できないことが起きていますか〟ということについてもペアトークをしてもらいます。具体的に自分たちの研究の未来について考える前に、専門分野からではなく、自分ゴトで未来を考えてみることで、そのウォーミングアップをしてもらったわけです。

続いて参加している研究者がそれぞれどのような研究をしているかを対話で共有してもらってから、〝２０３０年にめざしている研究成果がすべて実現しているとしたら、どんな世の中が来るだろうか〟という問いで話し合いをしてもらいました。

すると、１人のたいへん優秀な研究者の方が言いました。「自分たちの研究がどうすればうまくいくかということは考えていたけれど、研究がすべて成功したときにどのような社会になるかについて、実は考えたことがなかった」と。重ねて、研究テーマの未来をじっくりと話すまえに、16年後の自分についてペア対話をしたことで、研究はただの研究ではなく、わたしたちのくらしの前提を大きく変えるものであることを直感的に理解することができたと言うのです。

フューチャーセッションはさまざまな対話の方法を組み立てていくのですが、このように新たな視点を得るための追体験をうながし、**問いを自分ゴトにしてもらう**ことが大切なのです。

## 誰もが参加意識の持てる場づくり

イノベーション・ファシリテーターは、**参加した誰もが、自分がこの場の主人公であると感じられる、そんな場づくりを心がけなくてはいけません。**

では、どうすれば参加者一人ひとりを主人公にしていけるのでしょうか。

まずはシンプルに考えてみましょう。行政、NPO、企業のそれぞれからメンバーが集まってコアチームをつくるとします。これらのメンバーで、改めて問いのブラッシュアップをおこなうのですが、その問いの内容が、このメンバー全員が集まらなくては解けないようなものになっているとします。**みんなが力を合わせなければならないことがわかれば、おのずと役割が見えてきて、自分も必要な存在であることを実感できるはずです。つまり、みんなの力が必要となる問いや場面を設定することが大切なのです。**

参加者がどれだけ増えてもそれは変わりません。すべての人のすべての意見を汲み取って、なにかを組み立てることはむずかしいことです。しかし、できる限り一人ひとりの意見を引き出して、全部の意見を共有しながら対話を深める。イノベーション・ファシリテーターはステークホルダーに、そのような姿勢を見せていかなくてはなりません。

## 参加者に決めてもらう

フューチャーセッションの前半は参加者の緊張をほぐしながら、当事者の想いやコアメンバーの想いの共有をおこないます。そして参加者であるステークホルダーの想いを引き出して深めていきます。

そのフューチャーセッションがどのような想いで開かれたのか、またどのような想いを持った、どのような人たちが集まった場なのか、さらにその社会的な課題は、自分にとってどのように自分ゴトにできるものかをみんなが理解したところで、中盤へと進めていきます。

中盤でとくに重要なのは「**参加者自身に決めてもらう**」ということです。

すでに参加者にとって、フューチャーセッションで提示された問いは、他人ゴトではなくっています。でも、その問いに対して、自分にできることは何かといったことや、具体的に何かをやってみたいということまでは考えていないかもしれません。

そこで、イノベーション・ファシリテーターは、**ここからの決断を参加者にゆだねながら、参加者の主体性を高めていきます**。

参加者の主体性を高めるには、たとえば、マグネットテーブル[※18]という対話の手法が有効です。これは、京都で場づくりとファシリテーション技術を通じて、生きやすい未来、新しい未来を

※18 主催者ではなく参加者自らが話し合うテーマを設定する手法。同じ課題意識や理想像を持った人との深い対話を実現する。

提案する活動を行っているＮＰＯ法人　場とつながりラボ home's vi[※19]の代表である嘉村賢州さんが考えだした手法です。

マグネットテーブルでは参加者全員が、Ａ４用紙にもっとも話したいテーマを大きな字で記入します。そして、全員がＡ４用紙を胸の前に持って、静かに会場内を歩きまわります。歩きながら、ほかの人がどのようなことを書いているのかを見て、一緒に対話をしたい人を探すのです。

この人と話したいという人を見つけたら、複数人でグループをつくってもらうのですが、グループをつくるときには３つの基準から相手を選びます。１つ目は、自分と近いテーマを書いている人。２つ目は、一緒に対話をするとおもしろい化学反応が起こりそうな人。そして３つ目は、自分の書いたものを捨ててもいいと思えるほど素敵な案を書いている人です。それぞれグループができると、グループごとに記入したテーマの背景を共有したりグループで探究する問いを設定したりしていきます。

このとき、**「あなたとあなたは同じテーマに関心があるようだから一緒に話してみてください」など、過度な働きかけをしてはいけません。なぜなら、一緒に何かをはじめようと思うメンバーを、参加者が主体的に選ぶことが大切だからです。**

「あなたたちが組んだらおもしろそうだから、じゃあこの５人でグループをつくって一緒に考

※19
場とつながりラボ
home's vi（http://www.homes-vi.org/）

えてみてください」なんて言われてしまうと、どうしても**やらされている感が出てしまいます**。仮に納得のいかないアイデアしか生まれてこなかった場合、参加者は無理やりグループにされたことに原因があったと考えるかもしれません。モチベーションも自然に下がってしまいます。

社会的な課題に想いが沸き上がってきて、話をしたいテーマが浮かび上がってきて、話したい人たちとのグループをつくる。フューチャーセッションで大切にしているのはこれら**すべてを自分の意志で決めてもらうこと**なのです。

フューチャーセッションでのイノベーション・ファシリテーターの役割は、この**〝参加者に主体性を発揮してもらう〟という段階を終えた時点で、大きな山は乗り越えたと言えます**。

参加者は、社会的な課題が自分ゴトであることを理解して、自発的な想いから話を共有したいグループをつくりました。そこから、多様な立場の人が集まったグループのなかでなにができるだろうかという話がどんどんはじまっていくのです。

これまで話をしたことがなかった人たちの関係性に変容が起きて、社会的な課題に向けて立場を越えた意見交換がはじまります。イノベーション・ファシリテーターであるあなたは、各グループの様子を見に行って、参加者が主体的になっている状況を確認したら、そっと**グループから離れる**のです。

フューチャーセッションズでは、毎年、たくさんの社会的な課題をテーマにしたセッションを集中的におこなうフューチャーセッション・ウィーク[※20]というイベント期間を設けています。

開催前にはプレセッションとして、フューチャーセッションに関心がある人にたくさん集まってもらって、フューチャーセッション・ウィークについての話をしています。

そのとき、わたしは、みなさんの前で言うのです。「みんなで日本を変えましょう。世界を変えましょう！」と。そんなふうにして、みんなを盛り上げるのです。そして、集まった人たちが「自分はこんな形で日本を変えることに関わりたい」と、自分ゴトとして捉えてくれて熱心に話をはじめたら、この日のわたしの仕事はおしまいです。

イノベーション・ファシリテーターは、社会的な課題を持った当事者に会って、想いの本質を引き出したり、フューチャーセッションの開催を呼びかけたり、途中まではある種のリーダーのようになって、場づくりをおこなっていきます。しかし、そこに関心を寄せて参加してくれた人たちが主体性を発揮するところまでリードしたら、今度は**リーダーの役割を参加者のみなさんに手わたす**のです。この手わたすということも、イノベーション・ファシリテーターにとっては大事な要素です。

## 前半までの流れをうまく中盤へつなげる

このように参加者の間で主体性が生まれて、自分ゴトとして社会的な課題にコミットする場

※20
毎年6月頃に設定した1週間で、みんなが自分でフューチャーセッションを開催する参加型イベント。その年のウィークに開かれるセッションはすべてサイト上に一覧される。（https://www.ourfutures.net/groups/48）

面はとても感動的です。しかし、イノベーション・ファシリテーターが1つ注意をしておかなくてはならないことは、**参加者がきちんと前半の対話を踏まえたうえで主体性を発揮できているかということ**です。

たとえば、参加者のあいだで当事者の想いが共有され、対話が深まったとします。しかし、参加者一人ひとりのなかで、前半の話がうまく腑に落ちなければ考え方に変化が起きません。これまでと同じ立場からしか社会的な課題を捉えられないのです。

参加者はみな、フューチャーセッションのテーマとなっている社会的な課題に関心を持って集まっています。しかし、テーマをどのように捉えているかというと、それぞれの立場から、**ステレオタイプ的に見ている場合が多い**のです。多様な立場のステークホルダーが対話をすることで、社会的な課題に多様な見方や立場があることが明らかになります。そのことが本当に染みわたると、一人ひとりのなかにあった固定概念が崩れて、これまでと違った見方や立場を受け入れられるようになります。

ですから、**前半のセッションが終わるタイミングでは、前半に何が起きたのか、どういう新しい視点が得られて、参加者それぞれにどんな気づきがあったのか。そういったことをきちんと要約して、みんなで確認する作業をおこなっておくとよいでしょう。**そのためにも、イノベーション・ファシリテーターは自分自身でも気づきをメモしておき、参加者全員で流れを確認できるようにしておかなければなりません。参加者の一人ひとりに、「前半にどんな新しい視点を得たか」を話してもらったり、各自にA４用紙を配り、気づきを書いてもらって貼り出すなどの形で、全体で共有するやり方も効果的です。

前半の気づきがしっかり染みわたり、新たな課題の構図で発想しはじめた状態になれば、後半のプロトタイピングは非常に効果的に進むことになります。

# 第6章 集まった人たちならではの意見をつくる

## 集まった人たちが考えることに意味がある

フューチャーセッションの中盤では、マグネットテーブルなどを用いて興味関心の近い人たちがグループをつくります。ここで集まったメンバーは、イノベーション・ファシリテーターによってグループにさせられたのではなく、自発的に仲間を決めて集まっています。ここからは後半に向けて、アイデアやプロジェクトを生み出す段階へと進みます。

フューチャーセッションで大切なのは、アイデア自体ではなく、ステークホルダーの関係性がつなぎ直されることだと繰り返しお伝えしました。でも、アイデアやプロジェクトに意味がないわけではありません。立場の異なるステークホルダーが集まっているのですから、**社会的な課題に対して、これまでとは異なる取り組みができる可能性が高まっています**。

ただ、多様なステークホルダーが集まったからといって、すぐにこれまで聞いたこともないような斬新なアイデアやプロジェクトが生まれてくるかと言えば、そううまくはいきません。ユニークなものが生まれてくる可能性もありますが、本質的な価値はそこではありません。むしろ、アイデアやプロジェクトは、突飛なものでなくてもよいのです。誰も聞いたことがないアイデアやプロジェクトであるということよりも、**その場にいるステークホルダーならではのものが重要**なのです。

その場にいるステークホルダーならではのアイデアやプロジェクトとはなんでしょうか。

それをわかりやすくお伝えするために、ワークショップでよくある例を挙げたいと思います。ワークショップに参加していると、ときどき、強制的なアイデア出しともいえる場面に出くわします。なんらかのお題があって、たくさんアイデアを出そうということになります。なぜそのお題について考えなければいけないのか、想いの背景についての十分な説明はありません。目の前に一緒に座っている人が、どんな人なのかも知りません。参加者はとにかく数を出さなくてはいけないのですから、付箋に書き出すなどして思いつく限りのアイデアを提供します。なにしろ、大切なのはアイデアをたくさん出すことなのです。

わたしがこういうワークショップに参加するときに感じてしまうのは、**〝このアイデア出しをするのは、別にわたしでなくてもよいのではないか?〟**ということです。なんだかアイデアをただ絞り取られているような気がするのです。そんなワークショップからは、「アイデアを出すのは誰でもいい」というメッセージが発せられています。

会社の会議でも「課題をグラフ化するアイデアを出してくれ」などと言われると、システマティックに考えざるを得なくなります。ある程度の正解が見えているなかでアイデア出しをするわけですから、そこにパーソナリティは求められていません。ある程度アイデアが絞られると、きっとこう言われるでしょう。「それではこのグラフ化の件については、キミが進めておいてくれ」。ただアイデアを出すことを依頼されていただけなのに、いつのまにかその実行まで任されてしまいました。このような会議が終わったときにはどっと疲れがたまっているのではないでしょうか。

社会的な動物である人間は、指示に従って行動するよりも、意味自体を生み出そうとして行動するほうが高い満足度が得られます。データを見てわかりやすくまとめるよりも、データが示している本質を見つけるほうが楽しく、やりがいも感じられるのです。

そうであれば、**アイデア出しをする前に、「なぜこの問いを考えるのか」という想いの共有が必要です。また、「この問いについてどう考えるか」という参加者同士の意見の交換も外すことができません。**

フューチャーセッションから出てくるアイデアやプロジェクト自体は、これまでに見たことのないようなものでなくてもかまいません。平凡でも地味でもいいのです。**大切なのは、その日、そこに集まった多様なステークホルダーが、アイデアを出す意味をちゃんと理解したうえで、つくりあげたかということなのです。飛んだアイデアよりも、みんなが自分ゴトで「大切だ」と思えるアイデアを出すようにしましょう。**

みんなで考えたアイデアやプロジェクトなら、生み出したものをみんなが好きになれるし、実行に移すことにワクワクできるものなのです。

## ワクワクする気持ちを大切にする

ワクワクする気持ちは、プロジェクトを成功に導く大きな原動力です。このような気持ちは、なにか特別なアイデアやプロジェクトができたときに生み出されます。フューチャーセッションでも、新たな関係性によって結ばれたステークホルダー同士で生み出したアイデアやプロジェクトだからこそ感じられるものです。

これまで見たことも聞いたこともないようなアイデアやプロジェクトなど、そうそう生まれるものではありませんから、フューチャーセッションでは、ステークホルダー同士の関係性の結び直しを重視しているのです。

たとえば、家の近くに最近では誰も遊ばなくなった公園が増えています。子どもが公園で遊んでいる姿も、お年寄りが公園で散歩をしている姿も見たことがない。みなさんの家のまわりにも、そんな公園があるのではないでしょうか。

その公園をリノベーションして、もう一度みんなが楽しい時間を過ごせる場所に変えようというフューチャーセッションを開いたとします。さて、どんな流れでセッションを組み立てていけばよいでしょうか。まず、問いを立てて、コアメンバー、ステークホルダーを集めて、対話をおこなうことで社会的な課題を参加者にとっての自分ゴトへと変えていきます。その公園の近所の子どもたちは公園のことをどう思っているのでしょう。保護者であるお母さんたちはどんな想いを持っているのでしょう。公園の近くに住む高齢者の方々はなにを感じているのでしょうか。

多様なステークホルダーが集まって公園について想いを語り合うなかで、参加者の間にだんだんと気づきが生まれます。ここに参加したステークホルダー同士がコミュニティをつくれば、よりよい公園のためにさまざまなことができると理解できるのです。

もう一方で、公園とは無関係な人を10人集めて、公園を豊かにするアイデアをたくさん出してもらうとします。うまくいけば１００個のアイデアが出てくるかもしれません。変わったアイデアも出てくることでしょう。でも、そのアイデアを誰が実行するのでしょうか。

**多様なステークホルダーが集まって、参加者全員で対話をして、信頼関係をつくって、そこから生み出されたアイデアであるならば、たとえそれが平凡なものであっても、みんながそのアイデアを好きになります。**

たとえば、毎週日曜日の午前中は公園をみんなで掃除しようというアイデアが出たとします。アイデアとしては平凡なものかもしれませんが、みんなが参加しやすい素敵なアイデアです。

そうなると、たとえば平日に、公園にゴミが落ちているのを見かけたら、ステークホルダーの誰かが自発的に片づけをはじめるかもしれません。誰も利用しなかった公園は、きっとどんどん変わっていくことになるはずです。

## フューチャーセッションに欲望からくる本音はいらない

多様なステークホルダーが集まるフューチャーセッションでは、対話を通じて互いの想いや立場の違いを理解し合うことを大切にします。しかし、それは立場の違う人同士がそれぞれの立場を主張するということではありません。

たとえば、後期中等教育の無償化という社会的な課題に対して、フューチャーセッションを開くとします。

高校生の子どもを持つ親を中心に多様なステークホルダーが参加したとします。すでに、子どもが巣立っているようなご家庭の人は直接的な当事者ではありません。その場合、後期中等教育の無償化には反対という立場に立つ人も少なくないかもしれません。

よく、〝本音で話すことが大切だ〟と言うことがありますが、フューチャーセッションにおいて、本音トークはそれほど大切ではありません。ふだんからあまり人に言わない〝欲望からくる本音〟は、話していただかなくてかまいません。**フューチャーセッションの場では、そう**

**いう本音にではなく、わたしたちが社会を生きていくうえでの〝本当に大切なこと〟に重要なエッセンスがあると考えています。**

直接的にメリットを享受する当事者でないと後期中等教育の無償化に反対という立場になるのでしょうか。未来を担う子どもたちがよりよい教育を受けて、しっかりと勉強することに反対する人はおそらくそれほどいないはずです。

「子どもが大きくなってしまったので関係ない」と反対している人も、貧しいなかで子育てに一生懸命な人の話やそのサポートをおこなっているNPOの方の話を聞けば、自分のなかで考えが深まっていきます。なぜ、わたしは反対をするのだろう。どうして反対なのだろう。そんなことを考えていると、次第に気がつきます。「自分も同じように子育てしてきたけど、ほんの数年違っただけで補助金がつくようになった。それが許せなかっただけなんだ……」。そんな小さな自分に気がつくのです。

多様なステークホルダーの想いを聞きながら、社会的な課題にじっくり向き合うと、参加者はそれぞれが本当に大切にしていることがだんだん理解できるようになってきます。

よく、コミュニケーションには会話、対話、議論という段階があると言われています。会話はとくに目的のないおしゃべりです。対話はお互いのことを理解し合うために意見を交換します。

議論はその対話の対極にあるもので、ディベートやディスカッションとも呼ばれます。

ディベートでは話し手の立場をそれぞれ分けて、それぞれの立場から、許せるか、許せないかといった主張をします。自分の考えを変えることはありません。ディベートの果てに相手を打ち負かすことはできるかもしれませんが、新しい何かが生まれることはありません。

**フューチャーセッションで実践しているのは対話です。対話では、お互いの立場の違いに気がついて、どのような立場の人が、どのようなことを考えているのかを理解しようとします。それらを会場に集まった全員で共有することにより、場が集団的な変容を起こしはじめるのです。**

「みんなが幸せを感じられるような未来をつくりたい」。多様なステークホルダーと意見を交換するなかで、参加者のなかにこのような意識が芽生えます。そして、場に集まったみんなで新しいステージへと進みます。それが対話を深めるということなのです。

## 深まっていると感じたらそのまま継続させる

わたしはフィッシュボウルという対話の手法が好きで、よくフューチャーセッションのなかにも取り入れています。フィッシュボウルでは、みんなで二重の輪をつくり、真ん中の小さな円に入っている人たちで対話をおこないます。空間のなかで、対話がおこなわれる場所は1ヵ所しかありません。だから、みんなで1つの対話を共有することが可能です。また、イノベーション・ファシリテーターも輪のなかに入ることができるので、対話がどんどん深まる様子を体感することができます。

フィッシュボウルとはまったく雰囲気の異なる対話の手法にワールドカフェがあります。これは、4人ほどのグループに分かれて、それぞれが異なるテーブルで対話をおこないます。会場のあちこちから話し声が聞こえている状態です。そして、ひとしきり話を終えたら、テーブルにテーブルオーナーを1人だけ残して、残りのメンバーは他のテーブルに散っていきます。このようにメンバーを変えながら対話を重ねることで、対話をどんどん広げていくのです。

フィッシュボウルが対話を深める手法なら、ワールドカフェは対話を広げる手法です。ワールドカフェの場合、イノベーション・ファシリテーターは、すべてのテーブルでどんな話が展開されていたのかを把握することはできません。

対話の手法については、セッションの目的や段階に合わせて、何を取り入れていくかを考えます。だから、フィッシュボウルとワールドカフェのどちらの手法がすぐれているというものではありません。

フューチャーセッションを組み立てる場合は、タイムテーブルと一緒に対話の流れを設計します。フューチャーセッション全体の時間が4時間あるとすれば、「まずはワールドカフェを

１時間やろう」「そしてフィッシュボウルをこのあたりに30分入れておこう」などと決めていくわけです。

しかし、いざフィッシュボウルで対話をはじめてじっくりと話をして場がすごくいい雰囲気になったときに、時間となってしまうことがよくあります。

〝いい感じに対話が深まっているな……〟、そんなことを感じながら時計を見ると、フィッシュボウルをはじめてからそろそろ30分。時間どおりに対話を切り上げるべきか、それとも時間を延長するべきか、迷うところです。そんなとき、わたしはあらかじめ用意していたタイムテーブルを壊してしまうことが少なくありません。

**あくまでも参加者同士の意見の共有ができて、それが深まり、全体に変容が起きることが大切なのです。せっかく対話が深まってきて、場に熱いエネルギーが流れはじめようとしている矢先に、「それでは時間となりましたので次に移ります」など杓子定規にことをすすめるのはよいイノベーション・ファシリテーターだとは言えません。**

もちろんあらかじめタイムテーブルの準備はしていくのですが、タイムテーブルに固執することなく、参加者の状況を敏感に感じながら適切に流れを変える柔軟性を持つことが大切です。どうしても時間内にセッションが終わらない可能性が出てきた場合は、参加者全員に確認をとります。終了時間にすぐここを出なければならない人はいらっしゃいますか、と。いちばん早く出なければならない人が15分だけ大丈夫ということであれば、その場で〝15分だけ延長させてください〟と確認をとります。

慣れないと難しいことですが、フューチャーセッションは、当日の場の雰囲気に合わせて変幻自在にプロセスを組み替えて構わないのです。前半の対話の時間が長くなれば、後半の部分を短縮して、あるいは、なんらかの手法をごそっと削ってもかまいません。

フューチャーセッションはステークホルダーの状況に応じてどんどん変化します。イノベーション・ファシリテーターは、変化に対応できるようたくさんの対話の手法や展開の運び方を知っておいたほうがよいでしょう。ただ、あくまでも、それは**場の要請を感じたからおこなうものです。イノベーション・ファシリテーターが、意図的に捻じ曲げるものではありません。**イノベーション・ファシリテーターは、ステークホルダーの関係性のつなぎ直しをおこなうという目的に対して、補助的に機能するものだということを忘れないようにしてください。

## 反対意見が出てくると場が盛り上がる

さまざまな立場の人が想いを語るフューチャーセッション。当たり前ですが、意見のぶつかる場面が出てくることもあります。

たとえば、まちづくりのフューチャーセッションを開くとしましょう。ゲストスピーカーには、まちづくりについて、ある地域での成功事例を語ってもらいます。その後の対話のなかで、こんな反対意見が出てくるのです。

「それはその地域だからできたことでしょう。ここではそうはうまくいかないですよ。だいぶ環境が異なるし、越えなくてはならないハードルも種類が異なります」。だから、他地域での成功事例を聞いてもどうしようもない、そんな意見が飛び出してくることもあります。

意見の衝突があってもイノベーション・ファシリテーターはたじろいではいけません。むしろチャンスだと思ってください。多様なステークホルダーが集まっているわけですから、立場によって考え方も経験も違うのが当たり前。意見がぶつかってもいいのです。むしろ、意見がぶつかったのち、お互いの立場の違いが理解できたときに、ブレイクスルーが起こりやすい状態になっています。

イノベーション・ファシリテーターはこれを好機と捉えます。そしてゲストスピーカーに、その地域であったことやどうやって課題を乗り越えたか、誰とまちづくりを進めていったのかなどをじっくりと話してもらうのです。

そうすると、**それまで「環境が違うから」と話していた人の意見が、ふいにひっくり返ることがあります。**たとえば、「この地域は若い人が集まるまちで、よそから遊びにくる人も多い。だからこそまちの問題を解決するのは難しいと思っていた。だけど、成功事例を聞いていて、コミュニティがないところから丁寧にネットワークを広げてきていることがよく理解できた。この地域の取り組みにも、まだまだできることがありそうだ」というように。

**フューチャーセッションにおけるもっとも感動的な場面は、それまで反対の意思を表明していた人の意見が、ひっくり返る瞬間にほかなりません。**意見がひっくり返ると、その人が「この社会的な課題は関係者が力を合わせて取り組めばきっと解決できるはず」と、あたかも最初からそんなことわかっていたよと言わんばかりの勢いで語りはじめるのです。この人の意見は、簡単に変わることがなさそうだ、とみんなが思っている人の意見がひっくり返ることほど感動的なことはありません。そうなると、会場全体に、自分たちの力で変えていけるんだという高揚感があふれ、大きな変革のパワーとなります。

## リアルな一次情報が持つ説得力を活用する

頑固に自分の意見に固執して、異なる立場からの意見を受け入れない人がいます。そんな人に、多様な見方があることを伝えようとしたときは、リアルな一次情報をぶつけるといいでしょう。リアルな一次情報とは、実践者の言葉という意味です。

たとえば、「どこどこでは、こんな事例があったみたいですよ」、なんて誰かから聞いたような二次情報を持ってこられたら、どのように感じるでしょうか。「あなたはできないとおっしゃいますが、実はこういう事例もあるみたいですよ。この地域だって無理ではないと思うでしょう」。人は、こんなふうに二次情報で説得されてしまうほど悔しいことはありません。話を聞いて自分の視野が狭かったことに気がついたとしても、それを**素直に認める気分にはとてもなれない**のです。

しかし、これが本人から直接話を聞くという一次情報であれば状況は異なります。他地域のまちづくりでよい成果をあげた当事者の方に登場してもらって、こういったやり方で、成功に導いていったのだという話をしてもらうのです。**二次情報ではなく、一次情報に触れると、なるほど、そういう見方もあるなと、その人が自分で発見するのです。これは説得されているのではなく、自分の発見なので、受け入れやすくなります。そうすると、異なる立場や考え方を受け入れることができて、意見のひっくり返りが起きる**のです。

東京オリンピックを盛り上げる方法を考えるためのフューチャーセッションを開いたときのことです。オリンピック開催のヒントを得るために、イギリスからロンドンオリンピックのアートプロジェクト関係者たちをお招きしました。彼らは「カルチュラル・オリンピアード」というプロジェクトを成功に導いたプロジェクトチームでした。「カルチュラル・オリンピアード」とは、街全体をアートで包んでしまおうというプロジェクトです。

ステークホルダーが対話を進めるなかで、日本のアート関係者が言いました。「イギリスはいいですね。芸術に理解があって。うらやましいことです。日本でそのようなことをやろうとしてもなかなか理解してもらうことができません。実現は難しいでしょうね」。

するとﾞ、「カルチュラル・オリンピアード」を手がけた方々が口を揃えて言うのです。「そんなことはありませんよ。イギリスでもプロジェクトを進めるのは簡単なことではありませんでした。わたしたちがやろうとしていることを政府やメディアに理解してもらうまでには、とても大きな苦労があったのですよ。いまはまだ2014年でしょう。オリンピックの開催まで6年もあるじゃないですか。6年もあれば、かなりのことができると思いますよ。実際のところ、やれると思って動き出さないと、何も実現なんてしませんよ!」。

目の前には、すでにプロジェクトをやってのけた張本人がいます。もちろん、条件面ではいろいろと異なる部分はありますが、根本的な部分はそう大きくは変わりません。オリンピックを契機に、文化的な巨大なイベントを成功させ、その結果、アートが市民にとってもっと身近なものになりました。街ぐるみのアートプロジェクトを企画して、たくさんの人の協力を得ながら、それをやってのけたのです。一次情報には、圧倒的な説得力があります。当の本人から事例や苦労話を聞くと、がんばればできる、少なくともやりようはあることがわかるようになるのです。

フューチャーセッションは多様なステークホルダーを招き入れることにより、さまざまな意見が持ち込まれることになりますが、それはつまり、多様な一次情報が持ち込まれるということでもあります。その一次情報は、イノベーションを引き起こす大きな鍵となります。

多様なステークホルダーがいるからこそ、このようなブレイクスルーへと導くことができるのです。

## 問い続けることで思い込みの壁をやぶる

対話を深いところへ導くひとつの方法として、問い続けるというアプローチがあります。大抵の人は社会的な課題について個人的な意見を持っているように見えます。しかし、それらの意見が実は表面的なものでしかないことはよくあることです。

たとえば、「人を幸せにする仕事がしたい」という人がいるとしましょう。わたしは単純に、それはどういう活動内容で、どういう意味を持っていて、なぜそんなふうに活動することになったのだろうかなど、さまざまな興味を覚えます。そこで「どうしてですか？」「なぜですか？」と興味のおもむくままにどんどん尋ねます。

そうやって問いかけられると、人は初めてちゃんと自分自身と向き合って考えはじめることもあります。問い続けてみると、社会的な課題に対して、表面的にしか考えていないことに気づく人や、あるいは本当はなにも考えていなかったということに気づく人も少なくありません。

「企業に勤めている立場からすると、やっぱり企業の利益をまずは考えないといけないですよね」

――どうして、まずは企業の利益を考えないといけないと思うのですか？

「勤め人ならごくごく常識的な考え方だと思いますが」

――常識的な考えが正しいということでしょうか？

「そうは思いませんが、企業の業績が上がらないと、やりたいようにもできませんからね」

――あなたが本心からやりたいこととは、企業の業績を上げることなのでしょうか？

「それが本当にやりたいことではないかもしれませんが、やらなくてはならないことだとは思っています」

――なぜ、やらなくてはならないことなのでしょうか。

「難しいですね……」

――あなたが本当にやりたいことをやることと、会社の業績を伸ばすことを一致させる方法はありませんか？

「どうなんでしょう。考えたこともなかったですね……」

このようにどんどん問いを投げかけると普段はあまりしゃべる機会のなかったタブー領域に踏み込むことになります。そして常識的な考えとして染みついていたことが、実は単なる思い込みにすぎなかったことに気がついていくのです。

対話を通じて相手に深く考えてもらうためには、どこを掘り進めばいいのでしょうか。話の本質をさぐる作業を多くの人は難しいと思うかもしれませんが、複雑に考える必要はありません。**イノベーション・ファシリテーターの興味を、好奇心のおもむくままにどんどん掘り下げていけばよいだけなのです。**

**フューチャーセッションの場にはこの姿勢が必要です。参加者一人ひとりに対して、常に純粋な好奇心を持ち続けるのです。純粋な好奇心を持ち、シンプルに質問を重ねていくことで、固定概念に切り込んでいくことが可能になります。**

## 本質的な想いを定着させる

さまざまな対話の方法を使って想いを語り合い、お互いを理解するプロセスはフューチャーセッションに欠かせないものです。対話をしたことで、結果として新たな関係性が結ばれると、イノベーションへの大きな手応えが場にもたらされるでしょう。ただ、参加者の多くは、対話に夢中になるあまりに、どんなプロセスを経てその結果にたどり着いたのかをしばしば忘れてしまいます。

気づきがあり、それにより変化が起きることを体験として覚えておくためにも、結果だけでなく、プロセスも大切にしたいところです。

そのために、たとえば参加者全員に向かってこのような言葉を投げかけます。「いま、みなさんにいろいろな話をしてもらいました。そこではどのような話があったでしょう。そして自分のなかで、本当にそうだと心から思えたのはどのようなことだったでしょうか。いまから１分間くらい目を閉じて、もう一度、思い出してみてください」。

そんなふうに話しかけて、１分が過ぎたら改めて思い浮かんだことを紙に書いてもらいます。そうすると、対話を通じて得られた新しい気づきや本質的な想いがしっかりと各人の記憶に刻まれます。ちょっとした振り返りの時間ですが、こういった時間をたまに設けると、より理解が深まるのです。

また、個人個人でおこなうだけでなく、参加者同士でしっかりと定着させていきたい場合は、気づいたことを書きこんでもらった紙を、壁にぺたぺたと貼りつけていき、みんなで眺めてみるといいでしょう。さらに、気に入った気づきや想いにはみんなでシールを貼って投票すれば、どんな収穫があったのかがより可視化されていきます。

このようにプロセスを可視化することで、新たな対話のテーマをつくることも可能です。たとえば、壁に貼られた紙をひとしきり眺めたイノベーション・ファシリテーターは、いちばんシールがたくさん貼ってある紙を一枚選んで、「みなさんがいちばん、本質的だと思っていることはどうやらこれのようですね。このテーマについて、もう少しみんなで深掘りしてみませんか？」と新たな対話のテーマを提案するのです。そんなふうにして、**対話を通じて生まれた、取り組むべきテーマの抽出が可能になります。場に生まれた流れから、どんどん対話を紡いでいくのです。**

セッションで得られた気づきを定着させるために、〝なぜ、いまこのテーマについて話をしているのか〟〝いま、なにをやっているのか〟ということをイノベーション・ファシリテーターは常に明らかにしながら場を進行させます。

**フューチャーセッションは参加者全員が場の状況を理解できている状態で進めることが大きな意味を持ちます。ですから、みんなの状態をしっかり把握できているかどうかは、まさに進行役の腕の見せどころ**なのです。

形式的なスキルを披露するのではなく、その場その場の状況に応じて全員が迷うことのないように導いていく。ファシリテーターとしての型を覚えるのではなく、そんなふうに上手に場の空気を察知して臨機応変に対応できる能力を磨いてください。

参加者が対話の最中に、何をしているかわからなくならないようにするために、わたしがよく活用している方法を1つ紹介します。フィッシュボウルでの対話の最中に次のようなことをおこなうのです。

フィッシュボウルの間、ファシリテーターはみんなの言うことをすべてメモします。どんなふうに話が展開して、どこに着地するのかをどんどん書きとめていくのです。そして時間が来て、ひととおり対話が終わったら、メモしたことを一連のストーリーとして読み上げます。参加者はみな、対話に夢中になっていて、プロセスを忘れている場合が多いので、「そうそう、そんな話をした！」と、話の展開を思い出すのです。

わたしはセッション中に、積極的に対話のなかにはいっていきます。参加者の対話の内容を深く知りたいので、参加もするし問いかけもします。対話の内容をメモに取って、最後に読み上げるのは、フィッシュボウルによって生まれた思いや気づきを、みなさんに大切にしてほしいからです。対話の手法1つ、セッションのデザイン1つをとっても形にしばられないこと。目的意識を明確に持ちながら進めていけるようにしてください。

# 第7章　デザイン思考と未来思考

## 具体的な成果物をつくるデザイン思考

フューチャーセッションではイノベーションを起こすために、**デザイン思考**[※21]**と未来思考**[※22]という2つの考え方を重視します。それぞれどういう考え方なのでしょうか。まずはデザイン思考から紹介します。

フューチャーセッションでは、場のなかで生まれた新たなアイデアやプロジェクトを必ずプロトタイピング（試作）します。

プロトタイピングとはつまり手を動かして具体的な成果物をつくるということです。成果物は、たとえば参加者みんなで考えたアイデアやプロジェクトを簡単に模造紙にまとめたものでもかまいません。イメージを膨らませて紙粘土で表現してもよいでしょう。大切なのは、アイデアやプロジェクトを可視化してみんなで客観的に眺められるようにすることです。

このように、つくりながら考えるデザイナーの仕事のやり方をビジネス全般に適用した方法がデザイン思考です。モノが使われているシーンを観察し、洞察から得られたことに対して、みんなで新しいアイデアを出していきます。そして、実際の形として試作してみるのです。フ

※21
『デザイン思考が世界を変える』ティム・ブラウン（早川書房）

※22
現在から未来を想い描くのではなく、多くの可能性を含んだ未来を想定して、そこから現在を振り返る思考方法のこと。

ューチャーセッションでも、デザイン思考は**対話から生まれたアイデアやプロジェクトをさらに一歩進めるための重要な手法として位置づけられます**。

みんなで考えついたアイデアやプロジェクトも実際に形に落としてみると、それを実行するために何が必要かが見えやすくなります。もしかすると、そのプロジェクトを進めるには行政との協働体制を築かなくてはならないのかもしれません。あるいは、広報ツールをつくる必要があるかもしれません。あるいは、ビジネスモデルの構築が重要になるかもしれません。

もし、そのためのステークホルダーがその場にいないのであれば、もう一度問いを立てて次のフューチャーセッションを開くときに、行政の関係者、広報に長けた人、ベンチャー企業のスタートアップ支援をしている人などを招き入れるとよいでしょう。そうすることによって、必要なステークホルダーがどんどん増えていき、その関係性のつなぎ直しがおこなわれて、やがてイノベーションへとつながっていくのです。

フューチャーセッションの目的は対話をスムーズにおこなうことではなく、社会的な課題を解決することです。そのためにもっとも効果的なことは、これまで交わらなかった人同士が交わり、お互いの立場を理解して、相互に支援し合えるように関係性を結び直すことです。

ですから、フューチャーセッションで出てくるアイデアやプロジェクト自体は、いままでにないような斬新なものでなくても別にかまいません。みんなでつくりあげることで、そのアイデアやプロジェクトに愛着を持てることが大切です。また、社会的な課題の達成のために、そのアイデアやプロジェクトに、継続的にステークホルダーを招き入れる体制を整えることが重要なのです。

企画を考える会社であればユニークなアイデアを重視する傾向が強いでしょう。会議を開いても斬新な提案が求められることになりがちです。しかし、これまでにないアイデアなどそう簡単に出てくるものではありません。また斬新であることが必ずしも良いとも限らないのです。会議の席でユニークなアイデアをたくさん出すアイデアマンがいたとしましょう。実際のところは、その人だけが優れた発想の持ち主というわけではありません。すでにあるユニークなアイデアをたくさん知っているなど情報収集能力が高いだけ、ということも往々にしてあります。

ところが現実には、そういった人々は、クリエイティブな発想の持ち主に見られがちです。そして、アイデアを出せない（知らない）人は、クリエイティブではないと判断されることになってしまいます。

クリエイティブとは本来そういうことではないとわたしは考えます。また、珍しいアイデアばかりに価値があるような風潮に世の中が支配されてしまうと、クリエイティブでないというレッテルを貼られた人たちは意見が出しにくくなります。そして、いつも決まった人しか発言をしない、イノベーションの起きにくい会議が繰り返されていくのです。それは本当にクリエイティブだと言えるのでしょうか。

フューチャーセッションが考えるクリエイティブとは、たとえ平凡であっても、みんなが好きになれるアイデアをみんなでつくっていけることです。**そして本当にクリエイティブな人とは、たくさんのアイデアを出す人というよりも、大切なアイデアやプロジェクトを実現するために自分自身を変えてしまうこともいとわない、そんな人だと思うのです。**

## 未来思考で考える

**未来思考とは、物事を考える視点を未来に置いて、そこから現在を振り返ることによって、いま起こしたいアクションを決める思考方法のことを言います。**

わたしたちが生きる現在の時間は1つしかありません。しかし、未来はどうでしょうか。未来には想像したことのない世界が広がっています。まるで小説を書くように、わたしたちは未来のことを自由に思い描くことができるのです。未来のことを考えるには、想像力を働かせる必要があります。これから、どんな世の中になっていくのでしょう。想像力を働かせることはとても楽しいので、未来のことを想像してみると自然にワクワクしてきます。

現在、もしくは過去のさまざまなデータから、「こんな世の中になるのではないか?」と未来を予測することをフォアキャスティングと言います。フォアキャスティングで未来を考えると、それはあくまで現在の諸要因から可能性の高い未来を浮かび上がらせるだけなので、そこに多様性はなく、社会的な目的の達成に向かう要素も見つけられません。想像力を働かせることのできる領域も小さくなります。

それに対して、物事を考える視点を未来に置いて、そこから現在を振り返ることをバックキャスティングと言います。

バックキャスティングでは、いきなり未来に視点を置いて、理想とする未来の姿を想い描きます。もちろん、その未来の姿は想像する人それぞれによって異なる形を見せることでしょう。〝こんなふうになったらいいな！〟という発想から未来を想い描くのですから、たくさんの未来像が思い浮かんでくるはずです。**未来のことですからなにが正解で、なにが不正解かはわかりません。だからこそ自由に想い描くことが可能であり、想像するとワクワクしてくるのです。**

原発を推進しようという意見と原発を廃止しようという意見は対立します。どちらの立場に立っても、自分の主張を通すためには相手をやり込めなくてはなりませんから、お互いに時間や費用など、大きなエネルギーを消耗することになります。

しかし、バックキャスティングをおこなうとそのような対立を避けることができます。バックキャスティングで原発について考える場合、まずは未来のエネルギー事情についてさまざまな可能性を考えます。原発が安全に運用されている未来はあるのか、逆に自然エネルギーで社会がまわっている未来はあるのか、といったあらゆる可能性をみんなで一緒に検討していきます。〝こんな未来になったら、素敵じゃないか？〟、多様なステークホルダーが顔を突き合わせて対話をしながら、未来に向けての想像をめぐらせるのです。

突飛な意見が出てくるかもしれませんが、どんな未来も起こりうる可能性を持っています。大きな災害が来れば、世の中のルールが大きく変わってしまいますし、そのほかにも想像もつかないことが起きる可能性があるのです。そういう可能性も考えながら、理想とする未来のエネルギーのあり方を想像するのです。そのときにつくりだした未来のイメージは、どれも否定することはできません。

どんな未来がやってくるかはわかりません。でも、**思い描いた自分たちが手にしたい未来のために、いまからアクションを起こすことは可能**なのです。

バックキャスティングでエネルギーの未来を考えるなら、原発を推進する人も、原発に反対する人も一緒になって未来を考えることができます。「原発がつくる豊かな未来」と「原発のない豊かな未来」、その両方のシナリオを同時に作成することができるからです。そして、そのどちらを選ぶかではなく、どちらも検討する。バックキャスティングには、そんなプロセスが含まれています。

たとえば、現在から未来を〝予測〟するとどうなるのでしょう。近年、2025年問題[※23]が話

※23
団塊の世代が75歳以上となる2025年。超高齢社会が到来し、医療、介護、福祉サービスへの需要が高まり社会保障財政のバランスが崩れると指摘されている。

題となっています。２０２５年というのは、団塊の世代が75歳以上の後期高齢者になる年です。増えすぎた高齢者に対して、社会保障財政は崩壊してしまうとも言われています。もちろん、このような**予測データは未来思考にも必要ですが、大きな違いは、フォアキャスティングでものごとを考えすぎると、予測可能な問題に対していかに対処するかという発想に縛られてしまい、発想の転換が起きなくなってしまうことなのです。未来思考で対話すれば、「一生働き続けられる社会」をポジティブに発想することもできるはずです。**

フューチャーセッションでは未来思考とデザイン思考を組み合わせて使います。

未来思考ではステークホルダーたちが、バックキャスティングをすることでどんな未来をつくりたいかを想像します。こんな未来になるのではないか、こんな未来をつくっていけるのではないかと想い描くことはとても楽しいことです。そして、それが実現された世の中の様子をデザイン思考でプロトタイピングします。自分たちが手にしたい未来に向けて、どんなアクションが必要なのかを考えます。

もちろん、未来思考とデザイン思考で考えた未来が簡単に手に入るわけではありません。でもそこには、フォアキャスティングでは浮かび上がってこない、素晴らしいけれど「何もしなければ実現しない未来」が広がっているのです。

フューチャーセッションで描き出した未来は、絶対に実現しないかと言えば、そんなことはありません。セッションを開いたことによって、これまで協働してこなかった多様なステークホルダーが相互に理解し合って、お互いをサポートしようという体制ができあがっているのです。フューチャーセッションを重ねながら、お互いのアイデアとプロジェクトを支援していけば、想い描いた未来に近づいていくことは可能なのです。

**未来思考とデザイン思考。この2つが組み合わさっているから、フューチャーセッションはワクワクする場なのです。そして、社会的な課題に対して、イノベーションを起こしていくためにはこのワクワクするという気持ちがなによりも大切なのです。**

## プロトタイプすることの重要性

あるフューチャーセッションに参加したときのことです。わたしは、イノベーション・ファシリテーターとしてではなく、参加者の1人としてフューチャーセッションに加わっていました。対話がグループに分かれておこなわれ、わたしが参加するグループからもいろいろなアイデアが出てきました。そしてデザイン思考に基づき、アイデアをプロトタイプしました。なかなかおもしろいアイデアになったので、これはぜひ実現したいとグループの誰もが感じました。そこで、そのアイデアの実現に向けて内容をどんどん具体化させていきました。

ところがグループの1人が、「いやいや、そこまで具体的に進めるのであれば、わたしの立場としては会社を通さなくてはならなくなります。もうちょっと別のアプローチはできないでしょうか」と言い出したのです。プロトタイプされたアイデアやプロジェクトは、具体的にすればするほど、なにができてなにができないのかがよくわかるようになってきます。

具体性を持たせれば持たせるほど問題が明確になるので、**未来思考で生み出されたアイデアやプランは、デザイン思考を使って、できるだけスピーディに具体化させていくことが重要な**のです。アイデアやプロジェクトに対して、関わるメンバー一人ひとりが、具体的になにをするかというところまで、落とし込めるとよいでしょう。

また、プランを具体的にすればするほど、要素としてなにが足りないのかも見えてきます。そして、それは次のフューチャーセッションの大きなヒントになります。その足りないピースこそ、次のフューチャーセッションで招き入れたいステークホルダーなのです。

## 第8章 関係性のつなぎ直しで課題解決

### お互いを信頼すれば課題は解決する

フューチャーセッションでは対話のなかから出てきたアイデアそのものよりも、参加したステークホルダーの関係性をつなぎ直すことが、社会的な課題の解決の近道になります。ゴールイメージは、これまで分断されていた人たち同士が信頼によって結びつけられる状態です。

具体的なプランやアイデアではなくステークホルダーの関係性のつなぎ直しをゴールにする理由は、たとえよいアイデアがあっても、ステークホルダーの関係性ができていなければ実行されないからです。社会の課題も組織の課題もそれらを達成しようと思ったら、多様な立場の人の意見を聞き取り、相互理解をうながす対話を仕掛けなくてはなりません。**相互理解なしに立場の違う人同士が折り合うためには、妥協しかないからです。**

たとえば、いじめの問題を解決しようとしたら、先生たちは子どもたち数人に話を聞いて実態を調べます。そして先生同士で会議を開いて、なにかよい方法はないか話し合うわけです。しかし、そんなことをやるよりも、**先生と子どもたち、そして教育委員会など、関係者同士の信頼関係を改めて結び直すほうが効果的です。**

あるシステム会社でフューチャーセッションを開いて、プロジェクトの振り返りをおこなったときのことでした。通常、このような振り返りをすると、なぜ失敗したのか、それは誰に責任があるのかといった犯人捜しになり、かえって信頼関係を損なってしまうことが多い、ということでした。

「なぜ、あのときトラブルになったのですか？」
「担当していたのは誰ですか？」
「どうすれば次からうまくいくようになるんですか？」

問い詰めるような雰囲気になり、場に重たい空気が流れ、その振り返りが果たしてプロジェクトの改善につながっているのかどうか、よくわからない状況だったそうです。

そこでフューチャーセッションでは、トラブルの種になっている人の気持ちに注目することにしました。**トラブルが起きた背景にはどんな想いがあったのか。その共有からはじめたのです**。担当者の話を深掘りするために、「そのとき、どんな気持ちだったの？」と問いかけてみたところ、「相談しようと思ったが、相談することができなかった」という背景が見えてきました。

新たに、〝相談しようと思っていたけれど、それができない〟という課題が見つかったのです。次のステップとして、なぜ、相談できなかったかについて対話をすると、「まわりにいる人たちがみんな忙しそうに見えたので声がかけられなかった」ということがわかりました。

**この対話から、「みんなが忙しそうにしていても、本当にピンチのときは相談できる雰囲気を持った組織とは？」というポジティブな問いが生まれました。**

従来のような会議であれば、「そういうときはまわりの人に相談するようにしてください」という指導で終わってしまうところです。しかし、その担当者の気持ちにしっかりと目を向けると、物事の捉え方が変わります。より本質的な課題の解決に近づくことができるのです。

トラブルの種となった犯人を捜しあてて注意することも1つの方法かもしれませんが、同じようなトラブルがまた起きたとき、今度は別の担当者が発端となっているかもしれません。そのたびに犯人捜しをして、同じようなミスが起きないように注意しても、本当に根本的な問題の解決になっているとは思えません。関係者がお互いを理解することで関係性を改善すれば、より根源的な問題が解決されていく。こういった場面は会社のなかでもくらしのなかでも意外なほど多いものなのです。

組織での情報共有の話でも同じようなことが言えます。がんばって資料をまとめてデータベースをつくっても、それを活用する人たちとの関係性がよくないと、せっかくの情報を活かしきれません。同じ組織のなかにいても、それでは意味がないのです。

仕事をするうえでも、あるいは家庭のなかでも、誰もが不満に思うことはいろいろあるでしょう。みんなが力を貸してくれない、知識の共有ができない、ほかの部署の人たちがやり方を変えてくれない……。こういった固定された関係性のなかで「相手が変わってくれないとどうしようもない」と思ってみても、変えていくのは簡単なことではありません。ところが、同じ課題に関心を持っているステークホルダーが協力すれば、ポジティブな気持ちを感じながら課題解決ができてしまうのです。

**〝みんながお互いを信頼して力を合わせれば実現できる〞**

**この単純な理屈を実践しようというのがフューチャーセッションです。単純でありながら、思いもよらなかった発想です。そして、そんな発想ではじまるフューチャーセッションも、もとをたどればたった１人の想いからはじまるのがおもしろいところです。**

## 損得勘定を越えた関係性を目指す

フューチャーセッションに集まるステークホルダーは、損得勘定を越えた関係性の構築を目指しています。

たとえば、企業が自分たちの事業にイノベーションを起こしたいと考えて異業種の人やＮＰ

〇の人たちをお招きしたのに、ピリピリとした雰囲気になってしまうことがあります。招き入れる企業の人たちはこんなふうに感じています。

「わたしたちの会社のために、知恵を貸してくれという要望を社外に発信している気がする。それではみんな協力してくれないんじゃないか……？」。また、「社会的な目標を掲げたとしても事業化して利益を得たいのがわたしの会社だという話になってしまうと、まずいのではないか……？」。そして、つい警戒から緊張感を漂わせてしまうのです。

しかし、その企業の達成したい目標が社会的に重要な価値を生み出すのであれば自信を持っていいのです。本心からの想いであれば、堂々と宣言したほうがフューチャーセッションは盛り上がります。

**企業が本気で社会に役立つ商品やサービスをつくろうとすれば、本来その姿勢はまわりから応援されるものです。ところが企業の方は、そこに遠慮がちになってしまうようです。**

**人は必ずしも損得勘定だけで動くものではありません。誰かのために役に立ちたい、未来の役に立ちたいと考えています。そして実際にそういった活動をおこなうことに喜びを感じます。**

そのメカニズムはいわゆる経済的原理とは異なるベクトルを持つものなので理解することが難しいのです。

経済でものごとを測る世界、志でものごとを測る世界。実はその2つの世界観は相反するものではありません。特別に分けて考える必要はないのです。人の活動は、本質的には経済と志の2つに分かれてはいません。別のものとして考えなくてはならないと思い込んでいて、そういう思考のクセがついているだけなのです。

ビジネスの世界で本当にインパクトをつくりたいと思うのであれば、たくさんの人に協力してもらえるような、応援してもらえるような公益性の高いものを目指せばよいのです。また、ボランティアで活動している人々は、社会的なインパクトを大きくするためにも収益の確保という経済性を持ったほうがよいと思います。

**そう考えると企業もＮＰＯも根本的な部分では変わらないということになります。本質を掘り下げていくと、実は誰もが、みんなの幸せを願っているものなのです。フューチャーセッションを通じて、そんなふうに、みんなが幸せを感じられる世界を、みんなでつくっていけたらと願わずにはいられません。**

# 第2部 フューチャーセッションの実践

INNOVATION FACILITATOR

# フューチャーセッションを開いてみよう

## フューチャーセッションの準備は2ヵ月前から

多様なステークホルダーを集めてフューチャーセッションを開くまでには、さまざまな準備が必要です。ヒアリングをしたり、リサーチをしたり、問いをつくったり、案内を考えたりと、やることがたくさんあります。

ここでは、時間の流れに沿って、どのようにフューチャーセッションの準備や設計、そしてフューチャーセッションが終わった後のケアをしていけばいいかをまとめてみました。

対話手法については、それを詳しく解説した本がありますので、参考になりそうなものを第2部の最後に参考図書としてまとめておきました。

繰り返しになりますが、手法にとらわれすぎないようにしてください。もっとも大事なことは、しっかりとした問いに賛同した多様な参加者が集い、その参加者の皆さんが信頼関係を構築し、自分ゴトでアクションを起こしていけるようにすることです。その目的のために、あらゆる実践スキルが存在するのです。

## イノベーション・ファシリテーターの仕事はセッションで終わらない

フューチャーセッションの準備には時間がかかります。ホームパーティを開く作業に似ているかもしれません。会のねらいを決めて、お客さまを招待します。料理や部屋の準備をしてお客さまを迎えます。みんなで楽しむためのゲームやプログラムを考えることもあるでしょう。**パーティといちばん大きく違うのは、お客さまが帰ってからが、イノベーション・ファシリテーターの最大の仕事になるというところです。通常の研修などのワークショップでは、その時間が終わると研修講師のファシリテーターもお役御免になることが多いと思いますが、それではイノベーション・ファシリテーターとしては失格です。**

ファシリテーションの依頼を受けた場合、その仕事はセッション当日の２ヵ月前からはじまり、１ヵ月後までの３ヵ月仕事なのだということを依頼主に説明してください（図④）。そして、フューチャーセッションは一回のイベントではなく、イノベーションを起こすための大きなプロセスの一部だということをわかってもらってください。その認識を共有するところから、すべてがはじまるのです。

## 当日のセッションとフォローアップ

**当日**

会場の準備

**フューチャーセッションの実践その❶ お互いを理解する**

参加者の信頼感を高める

・ストーリーテリング
・ワールドカフェ
・フィッシュボウル
・サークル
・未来のステークホルダーから学ぶ

**実践その❷ 参加者に決めてもらう**

参加者に自分で決めてもらう

・ドット投票＋ブレインストーミング
・マグネットテーブル
・プロアクションカフェ

**実践その❸ プロトタイプする**

試作（プロトタイプ）してみる

・クイックプロトタイピング
・複数の未来を設定する
・未来からバックキャスト

アンケートを収集する
※アンケートシート

**1週間後**

コミュニティをつくる

サマリーをつくる
※プロセスレポート
※最終報告書

**1ヵ月後**

コミュニティ活動を支援する

次回のフューチャーセッションを構想する

## 図❹ フューチャーセッション前後3ヵ月の活動

フューチャーセッションの開催準備

**2ヵ月前**

- 当事者との出会い
  ※想いを引き出すインタビュー
- トレンドのリサーチ&キーパーソンの選別
- ステークホルダーの選定
  ※ステークホルダーマップ

**2〜1ヵ月前**

- コアメンバーとの問いづくり
  ※共感マップ
  ※問いと参加者の設計図
- フューチャーセッションの設計
  ※ OUR FUTURES
- 会場の確定

**1ヵ月前**

- 告知
  ※ SNS などの活用
- 参加者の招待
  ※エンパシーライティング
- 道具の準備
  ※必要な道具を用意しよう!
- スライドの制作
  ※鉄板のスライド
- 部屋のレイアウトを考える

## 開催2ヵ月前　問いづくり

### 想いを引き出すインタビュー

フューチャーセッションは想いを持った当事者へのインタビューからはじまります。当事者から想いを引き出す基本は、**〝なぜ？〟〝なぜ？〟と、好奇心を発揮**してどんどん深掘りしていくこと。ステークホルダーは、引き出された想いに共感して参加するので、ここをしっかりと掘り下げるようにしてください。ここで掘り下げられた想いは、その後のフューチャーセッションの中心に据えられることになります。

想いを引き出すインタビューをおこなうときには、**ハイ・ポイント・インタビュー**[※24]が有効です。

ハイ・ポイント・インタビューとは、問いや探究から個人と組織の強みや価値を引き出すAI（アプリシエイティブ・インクワイアリー[※25]）という方法に用いられるインタビュー手法のひとつです。

たとえば、おばあさんから想いの本質を引き出す際に、「なにかお困りごとはありませんか？」という聞き方はしません。これは、問題点を把握して改善を加えるギャップ・アプローチ

※24
最高の体験（ハイ・ポイント）について尋ねるインタビュー手法。

※25
『ポジティブ・チェンジ～主体性と組織力を高めるAI～』ダイアナ・ホイットニー、アマンダ・トロステンブルーム（ヒューマンバリュー）

チ[※26]という手法です。ハイ・ポイント・インタビューでは、ギャップ・アプローチではなく、強みや価値を引き出すポジティブ・アプローチを採用します。おばあさんにこんなふうに尋ねるのです。

**「一日のうちで、いちばん楽しいのはどんなときですか？」**

すると、おばあさんはこんなことを答えます。

「やっぱり、孫から電話がかかってくるとうれしいねぇ」

ギャップ・アプローチからの質問だと、ネガティブな回答が多くなります。それに比べてポジティブ・アプローチ[※27]は楽しくて、それでいて共感を呼べる言葉が出てくることが多いのです。

おばあさんからそんな想いを聞いたイノベーション・ファシリテーターは、**〝孫から電話がかかってきて、うれしいということは、どういうことなのだろうか？〟と、問いづくりの材料にしていくわけです。**

## リサーチ

当事者から想いの本質を引き出したら、その領域でどのような取り組みがおこなわれているのかをリサーチします。もしかしたら、当事者が取り組みたいテーマは、すでに誰かほかの人が取り組んでいる可能性があります。そうしたら一緒にやればいいわけです。

※26 目標と現状を比較して、出てくるギャップを埋めようとするアプローチ。問題点ばかりに目がいってしまうところに弱みがある。

※27 組織や個人が本来持っている強みに注目して、そこにある可能性や活力を対話により引き出していく方法のこと。

また、似たような取り組みをしている先駆者を見つけたら、フューチャーセッションのゲストスピーカーとしてお招きすることができるかもしれません。コアメンバーに招きたいステークホルダーも見つかる可能性があります。

リサーチは主にインターネットを使っておこないます。しかし、キーパーソンを100人も見つける必要はありません。たとえば、まちづくりがテーマになったのなら、まちづくりにかかわっているおもしろそうな人を5人ほどさがしてみてください。そのときに注意してほしいのが、見つけたい人は、コアメンバーとして招いたり、ゲストとしてお声掛けできる人であるということです。

つまり、「来てくれませんか？」と、お声掛けをしたときに、フューチャーセッションに参加してくれるような気軽さを持った方がいいのです。忙しくて来てくれそうにない人や、大物すぎる人ではなく、これから一緒になって、イノベーションを起こしていくことを楽しんでくれそうな人をリサーチしてください。

ゲストにフューチャーセッションへ参加してもらった場合は、少しでも謝礼ができると喜ばれます。企業がからんでおり、事業アイデアを創出するようなフューチャーセッションであればなおさらです。**謝礼が出せない場合には、事前にそれを伝える**ようにしましょう。

## ステークホルダーマップ

当事者の想いを引き出して、そのテーマについてのリサーチも終わったら、フューチャーセッションにどのような人に来てほしいのか、どんなステークホルダーに集まってほしいのかをまとめます。

ステークホルダーをわかりやすく一枚の紙にまとめたものをステークホルダーマップ[※28]（図⑤）と呼んでいます。**ステークホルダーマップの真ん中には、当事者の想いや、そこから引き出された問いを記します。そして、そのまわりにステークホルダーを書きこんでいくのです。ステークホルダーマップを書き上げると、多様性を持つフューチャーセッションのイメージがだんだんつかめてきます。慣れてくれば、ステークホルダーマップをつくる必要はありません。**

## コアメンバーとの共感マップづくり

ステークホルダーがある程度決まったら、当事者の想いの本質を伝えて、フューチャーセッションへお招きしてコアメンバーに加わってもらいましょう。そのときにもっともいいのは直接会いにいくことです。

そして参加の了承を得たら、次はコアメンバーと一緒に問いづくりをはじめます。コアメン

※28 テーマに関して、利害関係者となりうる人たちを一覧したもの。

## 図❺ ステークホルダーマップ

バーをお招きするときにも当事者の想いの本質から問いをつくりました。今度はコアメンバー全員に納得感のある問いをつくる工程に入ります。コアメンバー全員が納得する問いとは、それぞれが所属するコミュニティ全体が納得する問いということなので、それだけたくさんの多様な人に参加してもらうことができるようになります。

**この問いづくりは非常に難航する部分です。多様なステークホルダー全員が納得する問いをつくるために、何度も何度も研磨されるので、問いはより本質的なものになります。**

このコアメンバーとの問いづくりに役立つのが**共感マップ**[※29]です（図⑥）。

共感マップには、一枚一枚に、ステークホルダーのペルソナ[※30]を書き出します。ステークホルダーのキャラクターや属性を具体化していくのです。たとえば、ステークホルダーとして女性社員に来てほしいのであれば、共感マップの真ん中に女性社員をおきます。そして、実際に女性社員にインタビューをしにいき、「普段、どんなことを感じながら仕事をしていますか？」「ほかの社員の方は、あなたのことをなんて言っているように感じますか？」といった質問をしてみます。そして、返答を共感マップに書き込んでいくのです。

もしかすると、本人は「私はがんばっているのに、なぜ、あまり評価されないんだろう」と感じているのかもしれません。また、まわりの声は「いつも早く帰れていいよね」というふうに聞こえているかもしれません。

そんなふうにしてつくった共感マップをみながら、ステークホルダー全員が前向きになって

※29
ステークホルダーが何を見ていて、どのようなことを思っているのか。また、まわりからはどう思われているのかなどを書き、内面を掘り下げていくためのフレームワーク。
『ゲームストーミング』（オライリージャパン）

※30
ラテン語で人を意味する言葉。製品やサービスの消費者を具体的な人物として想定してみること。

## 図❻ 会社の中で熱いチームが生まれるときは？

### 共感マップ

**聞こえるもの**
「さぁ、今日は残業だー」
というイキイキした声

**感じていること**
短時間勤務でも
チームで働きたいなー

**見えるもの**
夜中まで働かなきゃ
いけないの？

**言っていること**
お迎えがあるので
お先に失礼します

**していること**
仕事を効率的にすすめるために
必死に仕事をこなしている

---

**聞こえるもの**
ランチのこと、子どものこと
仕事に関係ない話ばかり

**感じていること**
短時間勤務の人は
気楽でいいよな

**見えるもの**
大事な仕事が
山積み

**言っていること**
結局、俺たちが
がんばらないとなー

**していること**
昼間はのんびり。
徹夜で必死

話すことができる問いを考えるのです。

**共感マップをつくるときは、ステークホルダーの話にじっと耳を傾けてください。問いづくりの重要なキーワードは、ステークホルダーたちの話のなかから見つかることが多いのです。**

問いが決まったら、問いに対する参加者の反応を想定した設計図を書いてみます（図⑦）。それぞれのステークホルダーは、問いかけに集まってきてくれるでしょうか。もし来てくれたとして、何を感じて何を話すでしょうか。気づきを得れば、セッション後に行動を起こしてくれるでしょうか。このように、**すべてのステークホルダーの立場を考えながら、セッション全体の意図を決めていきます。この意図は、セッションの鍵となる「問い」に反映します。セッションの設計全体にも影響を与えます。**

## フューチャーセッションを設計する

設計図ができたらフューチャーセッションの設計に取りかかります。

フューチャーセッションには、ベースとなる大きな３つのステップがあります。

### ①参加者の信頼感を高める

## 図❼ 問いと参加者の設計図

| 問い<br>パワフルクエスチョン | 既存の／未来のステークホルダー | 集まってくれるか？ | 何を感じて、何を話すか？ | 行動を起こすか？ |
|---|---|---|---|---|
| 会社の中で熱いチームが生まれるときは？ | 短時間勤務の子育て社員 | 潜在的にチームに魅力を感じている | 自分とは関係ないと思いがち | リーダーシップはとりにくい |
| | 若手男性社員 | やる気満々で集まる | 自分ががんばっている話をしそう | 気がつけば行動できる |
| | マネジャー | 問題意識は高い | がんばっている社員を擁護しそう | 会社が変わる上で鍵を握る |
| | 独身女性社員 | マネジャーから言われれば参加する | 短時間勤務のしわよせを感じていそう | 気がつけば行動できる |
| | 役員 | 丁寧にお誘いすればきてくれそう | 考え方が古い可能性が高い | 影響力があるので理解してほしい |
| | サポートスタッフ | 残業がつけられればきてくれる | 自分ゴトになれないかもしれない | チームが変わればついてくる |

**②参加者に自分で決めてもらう**
**③試作（プロトタイプ）してみる**

そして、この３つのベーシックなスタイルに、目標とするべき５つのゴールを重ねて考えることで、フューチャーセッションのプログラムは変化に富んだものとなっていきます。では、そのゴールについて説明していきましょう。

**（１）横断型のプロジェクトを生み出す**
**（２）組織としての計画をつくる**
**（３）多様なメンバーでチームをつくる**
**（４）多様なメンバーでアイデアをつくる**
**（５）参加者一人ひとりに変化が起きる**

この５つのどれを目指すかで、対話の手法の組み立て方が異なります。
（１）を目指すのであれば、プロジェクトの成立にこだわるべきでしょう。
（２）を目指すのであれば、計画がどのように実行されていくかをプロジェクト・マネジメントの視点でまとめておいたほうがいいでしょう。

（3）を目指すのであれば、多様なステークホルダーが広く混ざり合うプロセスを考えるべきです。
（4）を目指すのであれば、出てきたアイデアがブラッシュアップされていくような流れをつくってください。
そして（5）を目指すのであれば、テーマが自分ゴトになり、そこに対するコミットメントが高まるような対話を豊富に盛り込みます。
また、対話の手法それぞれにも、話し合うべきそれぞれのステップの「問い」が入っていきます。そのときには、第1部第2章でも紹介したように、自分ゴトになりすぎている場合は、それを引き剥がす問いを、他人ゴトになりすぎている場合は、自分ゴトに引き寄せる問いを取り入れるようにしてください。

では、フューチャーセッションのゴールを想定したのち、どのように全体の流れを組み立てていけばいいのでしょうか。考えることがたくさんあるので、それらをすべて考慮しながらとなると、なかなか難しく思えてくるかもしれません。そんなときは、過去のサンプルと照らし合わせながら設計することをおすすめします。

**フューチャーセッションズのウェブサイトでは、OUR FUTURES※31というサービスを提供しています。OUR FUTURESは、世界中で実施されているフューチャーセッショ**

※31 OUR FUTURES（https://www.ourfutures.net/）

**ンを支援し、つなぐためのウェブサービスです。**

**ＯＵＲ ＦＵＴＵＲＥＳ内にあるＳＥＳＳＩＯＮＳという項目を見ていただくと、これまでに実施してきたさまざまな事例を見ることができます。事例をいくつもチェックしながら、〝自分たちがやろうとしていることは、これに近いかもしれない〟というものをベースにアレンジしてみてください。**

ここでも、先に述べた５つのゴールで言えば、どのような構造になるのかを簡単にサンプルとして示しておきます。

## （１）横断型のプロジェクトを生み出す

１つ目の事例は、大成建設株式会社が主催し、フューチャーセッションズがセッション設計とファシリテーションを支援している「レジリエンスの未来２」[※32]です。このセッションには防災やまちづくりに関心の高いセクター横断の参加者が集まり、クリエイティブに災害に立ち向かっていくためのアイデアを出しています。目的は自発的なセクター横断プロジェクトが多数立ち上がることで、ハードの防災だけでなく、日本社会全体の災害に立ち向かうしなやかな強さ（レジリエンス）を高める口火を切ることでした。

この日のセッションは、レジリエンスの未来と題しておこなわれた2回目のセッションで（図⑧）、第1回ですでにたくさんのアイデアが出ていました。第2回では、アイデアを具体的

※32
レジリエンスの未来2
（https://www.ourfutures.net/sessions/500）

## 図❽ 横断型のプロジェクトを生み出す

レジリエンスの未来2
https://www.ourfutures.net/sessions/500

### 問いを共有し、多様な情報を集める

**18:30 ～ 18:45（15分） イントロダクション**
前回の経緯、主催者の想いの共有、今日の参加者の紹介

**18:45 ～ 19:45（60分） フィッシュボウル（金魚鉢）**
ゲストスピーカーによるショートプレゼン、問いを深める対話

### 自分で決めて、アイデアを作る

**19:45 ～ 20:10（25分） オープンスペーステクノロジー**
前回のアウトプットをベースに、新たにテーマ提起者を募集

**20:10 ～ 20:40（30分） クイックプロトタイピング**
どんなプロジェクトを立ち上げるか、グループワークでデザイン

**20:40 ～ 21:00（20分） プレゼンテーション&チェックアウト**
プロジェクト案の発表と、各人の気づきと最初の一歩の共有

なプロジェクトとして推進するメンバーが自発的に立ち上がることが期待されています。そこで、フィッシュボウルで課題の本質を実践者に共有してもらった後、オープンスペーステクノロジー[※33]という対話の手法を使って、自ら推進したいプロジェクトアイデアを募集しています。

オープンスペーステクノロジーは、〝このテーマについて話したい〟という提起者が立ち上がり、その人たちの場所に他の参加者が自由に加わって対話していく手法です。参加者の自発性に場を委ねることで、プロジェクト推進者のコミットメントを引き出すことに成功しました。

### （2）組織としての計画をつくる

2つ目の事例は、東北の復興の一環で開かれた、「私たちの未来、大槌の未来[※34]」フューチャーセッション。津波の大きな被害を受けた大槌町の地元町民が集い、自分たちの問題を自分たち自身で解決していこうというセッションです。第2回までにアイデアは出そろっていました。第3回のセッションは、クラウドファンディング[※35]会社の方をゲストとしてお招きして、アイデアを目に見えるプランに具体化することが目的でした（図⑨）。

そのためにまず、フィッシュボウルで各アイデアの提起者が想いを語り、それに対してクラウドファンディング会社のゲストが質問をして、具体化の手助けをするところからはじまりました。そのあと、参加者全員が一緒に実行したいプロジェクトに分かれ、プロトタイピングをしていきます。プロトタイピングの内容は、クラウドファンディングに出すことを想定した項

※33
『オープン・スペース・テクノロジー～5人から1000人が輪になって考えるファシリテーション～』ハリソン・オーエン（ヒューマンバリュー）

※34
私たちの未来、大槌の未来（https://www.ourfutures.net/sessions/38）

※35
群衆（crowd）と資金調達（funding）を組み合わせた造語。インターネットを通じて不特定多数の人から資金の出資や協力を募ることを言う。

## 図❾ 組織としての計画をつくる

**第3回「私たちの未来、大槌の未来」フューチャーセッション**
**https://www.ourfutures.net/sessions/38**

### 問いを共有し、多様な情報を集める

**17:30 〜 18:00（30分） チェックイン**
参加者の自己紹介、今日の気分、夢会議への期待

**18:00 〜 19:15（75分） フィッシュボウル（金魚鉢）**
各テーマ提起者とゲストの対話により、テーマの理解を深める

### 自分で決めて、アイデアを作る

**19:20 〜 19:30（10分） チームづくり**
参加者が応援したいテーマに分かれて座る

**19:30 〜 20:35（65分） クイックプロトタイピング**
どんなプロジェクトを立ち上げるか、クラウドファンディングの募集ページをチームで作成

**20:35 〜 21:05（30分） 1万円テスト**
5000円付箋1枚と1000円付箋5枚を持って、
各チームに模擬的に投資

**21:05 〜 21:30（25分） グループワーク&プレゼンテーション**
次回までのアクションプランを作成し、全体で共有

目で、模造紙上にクラウドファンディングの募集ページをデザインすることにしました。そして最後には、付箋を紙幣に見立てて、それぞれの参加者が自分の1万円を寄附したいプロジェクトはどれか、という視点でアイデア評価をしています。

テーマ提起者は実際にクラウドファンディングをしている自分を想像し、参加者はそのプロジェクトを自分が応援することで実現に向けて動き出す様子を想像することができました。

## （3）多様なメンバーでチームをつくる

次の事例は、代官山のまちづくりセッションです。「代官山まちづくりサポーター募集！〜代官山の新しいツアーをつくろう」[※36]と題して開催されたフューチャーセッション（図⑩）には、代官山のまちづくりに関わっている住民に加え、代官山には遊びにくるだけという方も40人以上参加しました。まちづくりセッションとしては異例の参加構成ですが、訪問者の多い代官山ならではのセッションと言えるでしょう。

セッション設計としては、地元住民の考える〝代官山らしさ〟とは異なる、外から見た〝新しい代官山〟を定義するために、他地域のまちづくり推進者のインスピレーショントークを導入しています。それに続くグループ対話では、〝代官山らしさを広げよう〟という問いかけをしています。このセッションの背景には、人気の場所だけに経済原理に任せてしまうと〝代官山らしさ〟は次第に失われていってしまう、という地元住民の危機意識がありました。ですか

※36
代官山まちづくりサポーター募集！〜代官山の新しいツアーをつくろう（https://www.ourfutures.net/sessions/459）

## 図⑩ 多様なメンバーでチームをつくる

代官山まちづくりサポーター募集！ ～代官山の新しいツアーをつくろう
https://www.ourfutures.net/sessions/459

### 問いを共有し、多様な情報を集める

**18:00 ～ 18:20（20分） オープニング**
代表者挨拶、進め方の説明、問いかけ人からの問いかけ

**18:20 ～ 19:00（40分） フィッシュボウル（金魚鉢）**
3人のゲストのインスピレーショントークと、それを深めるための対話
問い：「代官山のまちづくりをもっと面白くするには？」

### 自分で決めて、アイデアを作る

**19:55 ～ 20:05（10分） マグネットテーブル**
「新しい代官山らしさ」を自分で決めて、仲間を集めてチームをつくる

**20:05 ～ 20:35（30分） クイックプロトタイピング**
「代官山の新しいツアー」をプロトタイピング

**20:35 ～ 21:15（40分） グループワーク&プレゼンテーション**
次回までのアクションプランを作成し、全体で共有

ら問いかけも〝活性化〟ではなく〝らしさ〟をデザインすることだったのです。プロトタイピングでは、訪問者にとっても自分ゴトになりやすい、〝代官山の新しいツアー〟をデザインしています。そして、その新しい代官山らしさをツアーとして実現するために、住民と訪問者の新しいネットワークをつくっていきました。

### （４）多様なメンバーでアイデアをつくる

続いては、「福利厚生サービス開発セッション」と題しておこなわれた、福利厚生アウトソーシング会社の新サービスを考えるセッションです（図⑪）。企業主催でサービス開発のアイデア出しセッションをオープンな場でおこなった、貴重なセッションの１つです。福利厚生は、企業で働く人にとっては身近なものですが、自分でデザインしようと考えたことは意外にないものです。このときは、福利厚生アウトソーシング会社のサービス設計担当者たちに加え、大企業や外資系企業の人事企画担当者、ダイバーシティ推進者などが招待されました。つまり社外ゲストたちは、この福利厚生アウトソーシング会社のポテンシャル顧客の方々です。

セッションは、福利厚生アウトソーシング会社の社員の皆さんの想いをフィッシュボウルで共有するところからはじまりました。この日は、この会社の社員たちの〝顧客企業の戦略には口を出しにくい〟という発言に対し、ゲスト招待者たちから〝ぜひ社外の視点でもっと提案をしてほしい〟とのエールが送られ、相互の考えにズレがあることが判明、対話が深まりました。

## 図⑪ 多様なメンバーでアイデアをつくる

### 福利厚生サービス開発セッション

### 問いを共有し、多様な情報を集める

**19:00 ～ 19:15（15分） オープニング**
主催者挨拶、進め方の説明、前回アウトプットの共有

**19:15 ～ 19:25（10分） ストーリーテリング**
自己紹介とトピックについて語り合い、聴き合う

**19:25 ～ 20:10（45分） フィッシュボウル（金魚鉢）**
問い：「『会社・社員・家族』の関係をよくする福利厚生サービスとは？」

**20:10 ～ 20:25（15分） ペア対話**
問い：「自社にとって会社・社員・家族の関係性をよくするキーは何か？」

### 自分で決めて、アイデアを作る

**20:25 ～ 20:35（10分） マグネットテーブル**
「自社にとって会社・社員・家族の関係性をよくするキーは何か？」でチームをつくる

**20:35 ～ 21:10（35分） クイックプロトタイピング**
グループワーク：自社で導入可能、有効そうな福利厚生サービスを具体化

**21:10 ～ 21:30（20分） プレゼンテーション＆チェックアウト**
アイデアの共有と、本日の気づき

そのあとはシンプルに、参加者全員がサービスアイデアを書き、近いアイデアを持っている人とグループを組み、プロトタイピングをしました。前半のフィッシュボウルで相互理解が進んだため、後半のアイデアが顧客企業の戦略的課題に一歩踏み込んだサービスになったことは、想像のとおりです。

### （５）参加者一人ひとりに変化が起きる

最後の事例は、コーチング・イベントの最後におこなった、一歩踏み出すためのセッションです。「コーチングフェスタ〝みんなでシフト！〟フューチャーセッション」では、即興劇（ボディストーミング）を使ってのプロトタイピングをしています（図⑫）。即興劇のすばらしいところは、自分たちのアイデアを実際に疑似体験できることです。即興劇で演じたアイデアは、一生忘れることがないでしょう。

このセッションの設計のポイントは、前半で徹底して内省をおこなうこと。１人で目を閉じて考えたり、ペアになって引き出し合ったり。そして後半は、４人組のうちの１人の行動変容に焦点を当て、それを突き詰めていきました。４人で、その１人の行動変容を一緒に演じます。このプロセスを通して、即興劇で取り上げてもらった人が、自分自身の壁を越える疑似体験をし、大きな変化を味わうことができました。加えて、自分の身近な人の変化を共体験することで、あとの３人にも意識の変革が起きているのを発見しました。とても感動的な体験でした。

注目していただきたいのは、このセッションは短時間で全員が即興劇を演じるところまで進めているところです。短い時間だからこその〝試しにやってみよう〟という前向きなパワーを引き出すことは、イノベーション・ファシリテーターの重要な役割なのです。

## 図⑫ 参加者一人ひとりに変化が起きる

コーチングフェスタ〝みんなでシフト!〟フューチャーセッション
https://www.ourfutures.net/sessions/231

### 問いを共有し、多様な情報を集める

**15:50 ～ 16:00（10分）オープニング**
本セッションの目的説明

**16:00 ～ 16:10（10分） ストーリーテリング**
今日1日の学びについて語り合い、聴き合う

**16:10 ～ 16:15（5分） 自己との対話**
問い：「この1年で自分自身が“シフト!”したいと思ったこと」

**16:15 ～ 16:30（15分） ペア対話**
問い：「“シフト!”したいことを実現する上で、何が“エヘン虫”なのか?」

### 自分で決めて、アイデアを作る

**16:30 ～ 16:50（20分） チームの自己組織化**
もっとも多様性のある5人チームをつくる

**16:50 ～ 17:40（50 分） ボディストーミング**
ボディストーミング（即興劇）の設計と披露、全体発表

**17:40 ～ 18:00（20分） チェックアウト**
本日の気づき

## 開催1ヵ月前　ステークホルダーを招待する

### 告知

フューチャーセッションの告知は、開催日のおよそ1ヵ月前にはじめます。1ヵ月前であれば、まだ予定が埋まっていない人もたくさんいるので、興味を持ったステークホルダーに、スケジュール帳に予定を書き込んでもらうことができます。

告知にはいろいろなチャネルを考えます。ソーシャルネットワークでもかまいませんし、企業でアナウンスしてもらってもいいでしょう。きちんと許可をとれば、市役所の広報に載せてもらったり、あるいは小学校で告知のチラシを配布してもかまいません。

ただ、**いちばん人が来てくれる方法は、やはり人が人を誘うこと**です。特に来てほしいステークホルダーがいる場合には、必ず、直接声を掛けるようにしてください。もし、その人に予定が入っていたら、同じコミュニティに属する別の方を紹介してもらうといいでしょう。また、コアメンバーにも、それぞれのコミュニティに対して、直接声掛けをするよう伝えておくといいでしょう。

## 参加者に招待状を送る

直接声を掛けて、フューチャーセッションにお誘いすることが難しいステークホルダーがいます。たとえば、参加者の１人が別の誰かを紹介したいといった場合や、コミュニティ全体に知らせたいといった場合です。そんなときのために、**イノベーション・ファシリテーターは、フューチャーセッションの内容を示した招待状を作成しておく必要があります。**

どんなテーマでフューチャーセッションを開くのか、また、どんな成果を期待しているのかを記すのですが、文章を書くことに慣れていない人にはなかなかハードルの高い作業です。

招待状をつくるときに、ぜひおすすめしたいのが、**エンパシーライティング**[※37]という手法です。エンパシーライティングでは、来てほしいけれど、来てくれないかもしれない人の顔を思い浮かべながら、設問に答えるようにマス目を埋めます。たとえば、〝この人に、一番訴えたいのはどんなことですか？〟〝この人が来てくれないのは、どんな理由があるからですか？〟。そして、マス目を埋めた言葉を並べ替えると、招待状の文言ができあがるというわけです。

エンパシーライティングの強力なところは、相手が来ない理由を綴りながら、さらにそれをうわまわる魅力を書き記すことができるところです。

また、招待状には当日のセッションをイメージさせるビジュアルを入れることもよくありま

※37 『6分間文章術――想いを伝える教科書』中野巧（ダイヤモンド社）

す。そんなときには、どのようなビジュアルを選択すればいいでしょうか。おすすめは、テーマに沿ったイメージやイラスト、または、過去のフューチャーセッションの写真、あるいは開催される建物の写真などです。どんな対話がおこなわれるのか、イメージしやすくなるようなビジュアルを使って招待状をつくってください。

こういったお誘いは1ヵ月前にはじめますが、もう一度、開催3日前くらいになったら、返信がない人などに向けて、声を掛けてみてもいいと思います。もしかしたら、スケジュールに余裕ができて、参加できるようになっているかもしれないからです。お誘いには2度のチャンスがあると考えてください。

## スライドの制作

フューチャーセッション当日は、プロジェクターを使える環境があれば、スライドを用意しておきましょう。**スライドをつくる理由は、〝参加者を置いてきぼりにしないため〟**です。いま、伝えているのはどのようなことなのか、いまやってほしいのはどのようなことなのか。イノベーション・ファシリテーターが、言葉で話すだけでは伝わりにくいことや、あるいは、作業の流れなどをスクリーンに映し出すことで、参加者全員が状況を共有しながら進められる環境を整えます。ここでは、ふだんわたしが使用している〝鉄板のスライド〟を紹介しておきます（図⑬）。もちろん、これらのスライドの前に表紙があります。表紙のページには、そのフューチャーセッションのテーマ名が書かれます。

スライドは、全部で12ページあります。最初の４ページで、フューチャーセッションとは何か、対話とはどのようなものか、今日はお互いにどんな気持ちで対話に臨めばいいのかなど、場の雰囲気や簡単なルールを説明します。この導入部分は楽しく、ペースよく、そして参加者とのやりとりなどを交えながら、軽快に進めます。イノベーション・ファシリテーターは、みなさんの話を聞きたくて仕方がないです、というメッセージを伝えます。

５ページから12ページが、典型的なセッションで使用する８ページ分のスライドです。伝えるべきものは、それぞれの対話の〝手法〟と、〝問い〟です。これらを確実に伝えるために、スライドに明記します。

そして本番では、〝手法〟と〝問い〟をそれぞれ明確に分けて、正確に伝えます。参加者が100人近くなると、全員に周知徹底するには、言葉を大切に使う必要があります。曖昧な表現は禁物です。もし二度言ったとしても、一度目だけを聞いている人もいれば、二度目だけを聞いている人もいるかもしれません。ですから、ファシリテーターが〝手法〟と〝問い〟について話すときは、手あげルールを使って全員が話をやめるまで待った上で一度だけ、正確に伝えます。スライドも一度見れば、確実にわかるものをつくることをめざしましょう。

# 図⑬ 12枚の鉄板スライド図

## 1. フューチャーセッション

未来のステークホルダーを招き入れ、創造的な対話を通して、未来に向けての「新たな関係」と「新たなアイデア」を生み出し、ステークホルダー同士が「協力して行動できる」状況を生み出すための場

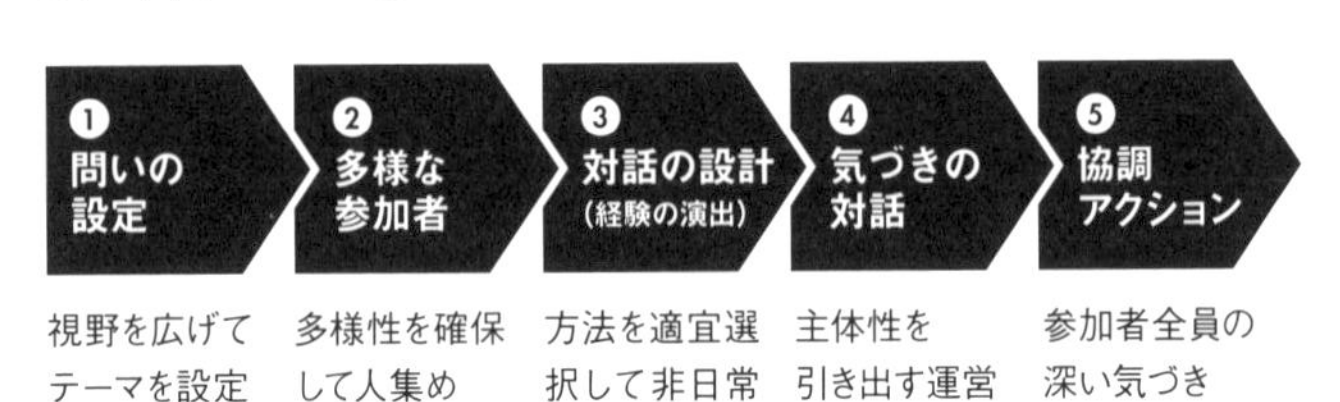


最初に、なぜ多様なステークホルダーが招かれたのかを理解してもらいます。当事者と非当事者が理解し合い、同時にアクションを起こすことの重要性を語ります。

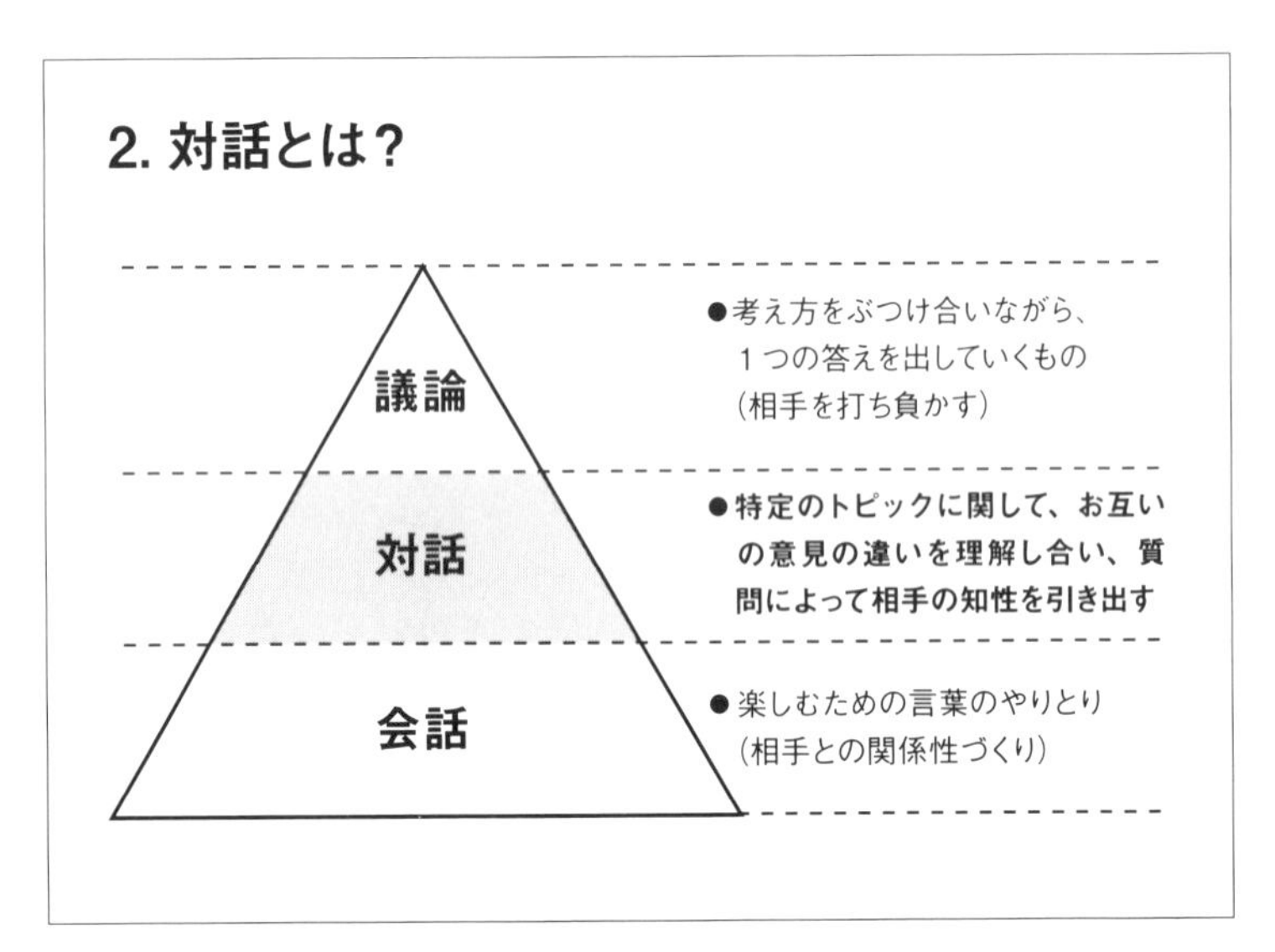


フューチャーセッションでは、1つの答えを見つけるための議論ではなく、お互いの違いを理解し合うための対話を重視します。対話によってアイデアと関係性を同時に生み出します。

## 3. グランドルール

1. 一人ひとりの「**想い**」を大切にする
2. お互いの**違いや多様性**から学び<br>アイデアを生み出す源泉とする
3. 参加者全員で発言機会を提供しあい<br>よい**関係性**をつくりあげる
4. いつもの主張をただ話すのではなく<br>**その場で感じたこと**を大切にする
5. 今日この場で一緒になった縁を大切に<br>**アクション**を支援し合う

グランドルールを共有することで、お互いが相手の想いを尊重し合い、よい関係性を生み出せるような雰囲気づくりをします。当たり前だと思っていても、確認することが大切です。

## 4. お願い

---

- 対話の時間が終了したら<br>ファシリテーターが手を挙げます

---

- それに気づいた人は、手を挙げて<br>話をそこでやめてください

---

- 全員が手を挙げて、会場全体が静かになるまで<br>手を挙げていてください

---

手あげルールの説明をしたら、即座に必ず練習を入れましょう。「今日の朝ごはんは？」といったどうでもいい話で手あげの練習をすると、手あげルールを徹底することができます。

## 図⑬ 12枚の鉄板スライド図

### 5. ストーリーテリング

ペアをつくり、次のテーマについて、じっくりと物語を傾聴し合うことでテーマについての理解を深めます

「話し手」と「聴き手」の役割を決め、はじめます

- 時間がきたら役割を交代します
- 「話し手」は自分が伝えたいと思う体験談などのエピソードを物語風に語ります

**テーマ:「私の理想の組織」**

- 90秒ずつ傾聴し合います

ペアでのストーリーテリングは、「問い」にまつわる話しやすいテーマを選ぶことで、雰囲気を和らげると同時に、参加者にテーマを自分ゴトとして捉えてもらう手助けになります。

### 6. ワールドカフェ

カフェにいる気分で、多様な知識を持ち寄ります

- 各ラウンドは20分。各ラウンドが終了したら、各テーブルで1人、テーブルホストを決めて、ホストはテーブルに残り、それ以外のメンバーは別のテーブルに移動し、メンバーを変えながら対話を続けます
- 最終ラウンドでは、全員がもとのテーブルに戻り、それまでのラウンドで出た気づきやアイデアを共有します

**テーマ:女性が生き生きと活躍している組織とは?**
**(50%の役員、50%の管理職)**

- 同じテーマで3ラウンドおこないます

ワールドカフェで大事なことは、アイデア出しではなく、ゆったりとした対話を楽しむことです。話した内容を模造紙に書きながら進めましょう。

## 7. マグネットテーブル

次のテーマについて、自分がやりたいことやアイデアをA4用紙に記入します

**テーマ：「女性が生き生きと活躍する、“理想の組織”をつくるためのプロジェクト」**

各人が紙を見えるように掲げながら、部屋の中を歩きまわります

次のいずれかの人たちと４～５人のチームを組みます

**1.** 似たことを書いている人
**2.** 一緒になると化学反応を起こせそうな人
**3.** 自分の書いたものを捨ててもいいと思える案を書いている人

A4 用紙には大きな字で書いてもらいます。最初は無言で歩きまわりできるだけたくさんの人と紙を見せ合います。しばらく経ったところで、チームづくりの話し合いをはじめてもらいます。

## 8. ブレインストーミング

模造紙かホワイトボードに、1. から 50. の番号を振ります

参加者は声を出してアイデアを伝え、メンバーのうち１人は、書記となって書きます

**テーマ：**
**グループ各人の共通テーマから、○○○○に言葉を入れます**

● 「どうしたら、○○○○ができるだろうか？」

「どうしたら、
○○○○ができるだろうか？」

| | |
|---|---|
| 1. | 26. |
| 2. | 27. |
| 3. | 28. |
| 4. | 29. |
| 5. | 30. |

黙々と付箋に書くかわりに、書記を１人決めて声を出しながらアイデアを挙げていきます。チーム間で 50 のアイデアが出るスピードを競うよう伝えると、盛り上がります。

## 9. ドット投票

アイデアを投票で選びます

1.から50.までのアイデアに、1人5票で投票をします

●ドットシールがなければ、★を書きます

「どうしたら、
○○○○ができるだろうか？」

1. ●●
2.
3.
4. ●●
5. ●

26. ●
27. ●●
28.
29. ●
30.

投票が終わったら、上位3つを選び、
印をつけてください

ここでは自分たちの挙げたアイデアから、気に入ったものを投票で選びます。ドットシールを配ると、みんな楽しそうに投票してくれます。

## 10. クイックプロトタイピング

選ばれたアイデアのプロトタイプをつくります

**未来編集会議**

**「数年後、皆さんのプロジェクトが成功を遂げ、日本全体に理想の組織が増えていったときの新聞の一面」**

●大見出し
●小見出し
●数値データ
●インタビュー　など

レイアウト例

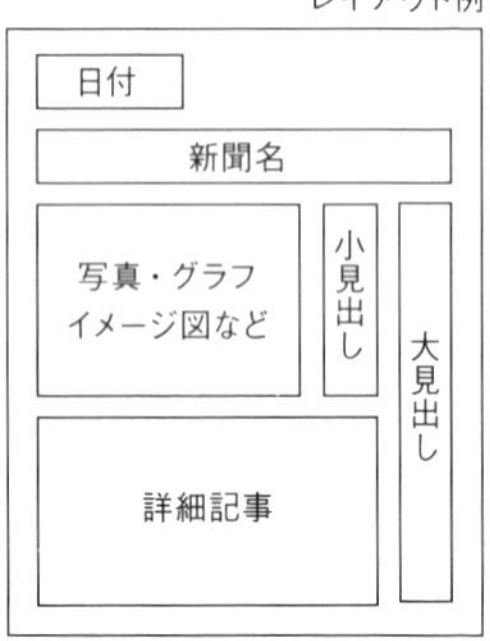


未来からバックキャスティングする練習です。未来の新聞記事を思い描いた上で、それを実現するためにはどんなことが起きているはずか、と成立条件を考えていきます。

## 11. フィッシュボウル

内側と外側の二重の円をつくります

- 内側の円の人だけが、テーマについて対話します
- 内側の円には常に空席を1つ用意してあるので、
  外側の円から誰でも自由に入って話すことができます
- 外側から誰か入ってきたら、内側にいる人で、もう十分に話したと思う人が
  自発的に外に出ます

**テーマ:**
**「日本の組織で女性が生き生き活躍する**
**ために必要な変化は何か?」**

内側の席を通常は6つ用意し、ファシリテーターは最初に話す5人を指名します。テーマに対する5人の意見を聞いた後、論点を絞りながら対話を進めていきます。

## 12. サークル

参加者全員で一人ひとりの顔が見えるようにきれいな
1つの円になります

- テーマの問いに対して、1人ずつ簡潔に表現します

**問い:「理想の組織に対する気づき」**

お互いに傾聴して想いを共有し
場の一体感を生み出します

表現方法は、言葉だけでも
ポーズをとってもらう方法もあります

参加者全員で1つの円になることで、とてもパワフルな時間となります。残り時間を人数で割って、その時間で全員がコメントできるよう、一人ひとりの話す長さを指定します。

## 道具とレイアウト

フューチャーセッションを開く前には、対話に必要な道具を参加者の数に応じて揃えておきましょう（図⑭）。また、進行に合わせて、どのように会場のレイアウトをつくっていくかの計画も立てておくことをおすすめします。

部屋のレイアウトはあらかじめ決めておく必要があります。部屋のサイズと参加者数によって、椅子やテーブルの配置を検討します。ここでは、次の四つの型のレイアウトをご紹介します（図⑮）。

タイプ１　シアター型
タイプ２　グループ型
タイプ３　シアター＆グループ融合型
タイプ４　ビッグフィッシュボウル型

シアター型は、椅子だけで構成されますので、参加者間の距離が近く、一体感を与えることができます。ただ、通常の講演スタイルにも似た配置になりますので、参加者が受け身になることが懸念されます。そのため、シアター型でスタートした場合は、できるだけ早いタイミングで隣同士のペアをつくってもらい、参加者間の対話をうながしましょう。

## 図⓮ 道具一覧

NAME
CARD
名札
台紙つきパッド
（または模造紙）
筆記具
付箋
飲みもの
お菓子
ドットシール
プロジェクターと
スクリーン
A4用紙

グループ型は、通常のワークショップによく使われるスタイルです。ワールドカフェなどの小グループでの対話に向いていますが、全体の一体感に欠けるところがあります。各テーブルの中での対話に夢中になり、主催者の話やインスピレーショントークなど、全体で共有したい話をきちんと聞いてもらえない可能性があるので注意しましょう。

シアター型とグループ型の両方の利点を合わせたレイアウトが、タイプ3のシアター&グループ融合型です。通常の2倍の空間を必要としますので、部屋が広い場合でしか使えません。椅子の数が足りない場合は、後ろのテーブルに椅子は置かなくても問題ありません。プロトタイピングのときなどは、椅子がない方がかえって盛り上がるからです。20分以内のセッションであれば、椅子なしでおこなうことが可能です。

そしてタイプ4がビッグフィッシュボウル型、参加者全員を1つのフィッシュボウルにしてしまうレイアウトです。このレイアウトの利点は、部屋に入った瞬間に、この場が通常の会議とはまったく異なるものだということが伝わるところです。民主的な対話をするのにもっともふさわしいレイアウトではないかと思います。欠点は、ファシリテーターや主催者、インスピレーショントークをするゲストなどは、いちばん内側の円に座るため、どちらを向いて話していいかわからないところです。この問題を回避するためにビッグフィッシュボウルを半円形にすると、タイプ1のシアター型に限りなく近づきます。

# 図⑮ 会場のレイアウトサンプル図

シアター型

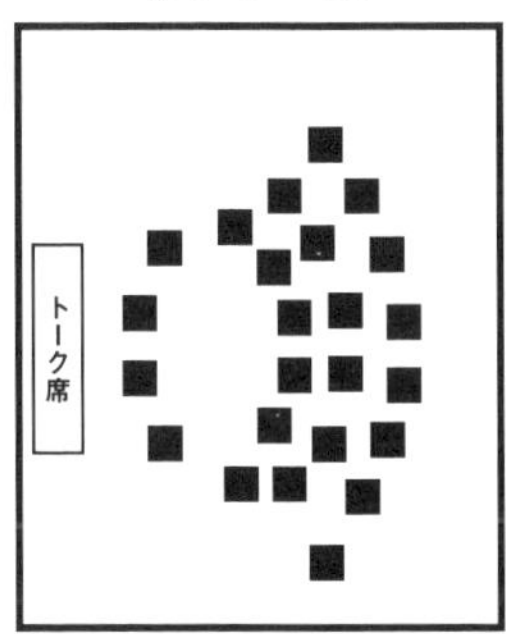


グループ型

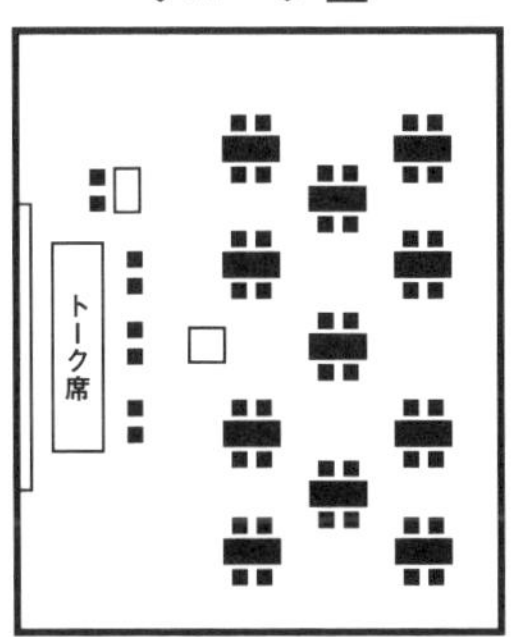


シアター&グループ融合型

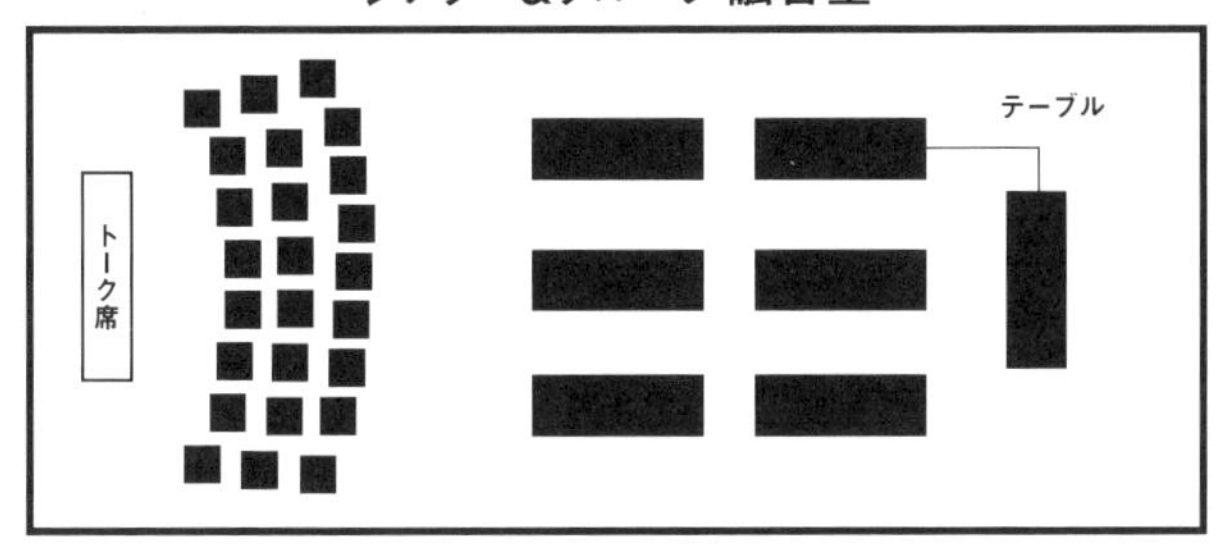


ビッグフィッシュボウル型

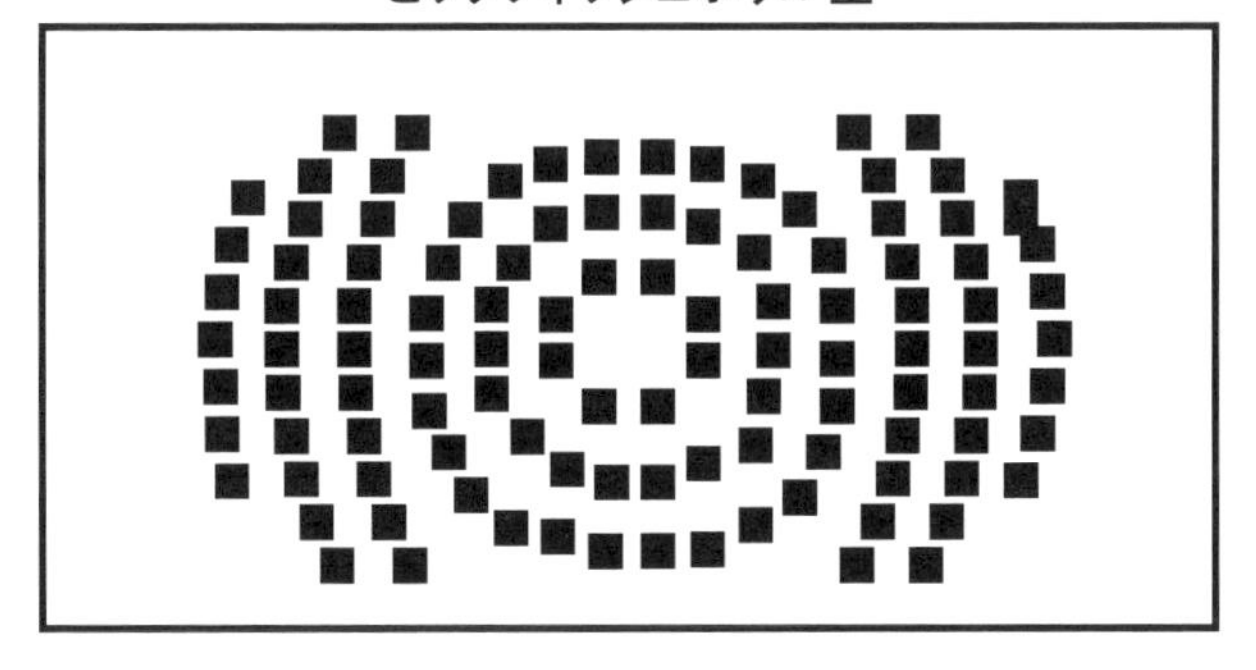

開催当日

# 会場の準備をする

## ステークホルダーをお迎えする準備

当日、イノベーション・ファシリテーターは、コアメンバーらと早めに会場入りして、ステークホルダーをお迎えする準備をしてください。室内にある机や椅子のレイアウトを大きく変えますから、何人か手伝ってくれる人にあらかじめ声をかけておくといいでしょう。

会場のレイアウトを整えるほか、荷物置き場の用意をしたり、飲み物や軽食がとれるスペースも確保します。また、会場までの道のりがわかりにくい場合は、建物の外や部屋の外に案内のプレートを立てておきましょう。

## フューチャーセッションでよく使用する対話のメソッド

話を深めたり、新しい着想を得たり、発想を広げたりするときに使われる手法には、実にさまざまなバリエーションがあります。

わたしが監訳をつとめた『ゲームストーミング——会議、チーム、プロジェクトを成功へと導く87のゲーム』[※38]でも、場が盛り上がりながら、充実した交流を図ることのできる手法をたくさん紹介しているのですが、ここでは、フューチャーセッションを開くときにとくによく使う対話のメソッドをピックアップしたいと思います。

フューチャーセッションには、

**①参加者の信頼感を高める**
**②参加者に自分で決めてもらう**
**③試作（プロトタイプ）してみる**

という３つのフェーズがあるとお伝えしました。ここで紹介する対話のメソッドは、それぞれに対応するものとなります。ひとつひとつの対話には、その手法を考え出したオーナーがいて、やり方が詳しく書かれた本も出版されていますので、この本ではさらりと紹介するだけに留めます。

「①参加者の信頼感を高める」ときに活用したい方法を次に示します。

※38
『ゲームストーミング――会議、チーム、プロジェクトを成功へと導く87のゲーム』デイブ・グレイ、サニー・ブラウン、ジェームズ・マカヌフォ（オライリージャパン）

### 【チェックイン&サークル】

チェックインは、これからはじまる対話に向けて、参加者それぞれが自分自身の立ち位置を確認するための時間です。たくさんの人が集まってくれたことに対する感謝などを伝えましょう。また、参加者同士に自己紹介をしてもらったり、アイスブレイクとして手あげルールを実践してもらったりしてもよいでしょう。

サークルは、参加者同士の顔が見えるよう円形に椅子を並べた場のデザインのこと。どんな人がきているのか、参加者同士が感じられる状況をつくります。

### 【オープニングトーク】

オープニングトークではフューチャーセッションが開かれることになった経緯や、その日の対話でどんなことを期待しているかといったことについて話をします。

### 【ストーリーテリング】

ストーリーテリングでは、当事者にその日のテーマについての想いを話してもらいます。参加しているステークホルダーたちの間で、改めてその日集まった意義が共有されます。

また、ペアトークをしてもらって、対話のテーマを自分ゴトにするような問いで参加者同士に少し話をしてもらってもいいでしょう。

ワールドカフェ

**【ワールドカフェ[※39]】**

問いに関してステークホルダーの多様な知識をどんどん引き出していくための手法です。4〜6人で小さなテーブルを囲み、問いについて対話を深めます。話したことはテーブルの上に置いてある模造紙の上にどんどん書き出します。15〜20分を1ラウンドとして、3ラウンドほど、テーブルオーナーを1人残してメンバーを入れ替えながら対話を重ねます。ステークホルダーはいろんなテーブルをまわりながら話をするので、1つのテーブルで出た経験や知恵がどんどん他のテーブルにもまわりますす。カフェのようなリラックスした

※39 『ワールド・カフェ 〜カフェ的会話が未来を創る〜』アニータ・ブラウン、デイビッド・アイザックス、ワールド・カフェ・コミュニティ（ヒューマンバリュー）

フィッシュボウル

雰囲気をつくって対話をしていきます。

**【フィッシュボウル】**

金魚鉢と呼ばれる対話の手法です。主に対話を深めたいときに効果的です。3～5脚の椅子を円形に置いて、そのまわりをぐるりと取り囲むように椅子を配置します。対話は二重になった椅子の内側の輪でおこなわれます。内側の椅子は常にひとつ空いていて、外側の人が参加できるようにしておきます。

**【未来のステークホルダーから学ぶ手法】**

すでに先駆者として活躍している

人や研究者らを呼んで、未来にいったいどのようなことが起こりうるのかを話してもらいます。有識者でなくとも多様な参加者が集まり、未来の兆しを出し合うこともできます。未来にはなにが起きるかわかりませんが、たくさんの変化の兆しについて話してもらうことで、未来についてのアイデアを具体的に創造していきます。

次は、「②参加者に自分で決めてもらう」ときに活用したい方法です。

**【ドット投票】**

ドット投票は、アイデアに対してすばやく優先順位を付けたり、重み付けをしたい場合などに用いられる方法です。小型の丸形シール（ドットシール）を「１人あたりの投票数×人数分」用意しましょう。付箋などに直接ペンで星印を書き込むようにしても良いでしょう。１人あたりの投票数を参加者に伝え、投票用シールを配ります。一般的には１人３～５票が適切です。ドット投票の最大のメリットは、参加者全員がすべてのアイデアを真剣に読み返すことです。

**【プロアクションカフェ】**

プロアクションカフェでは、参加者の中で〝一歩踏み出したいテーマ〟を持った人が立ち上

**プロアクションカフェ**

がり、テーマをA4用紙に書き出します。4～5人のグループで話ができるよう、テーマをつくれる人の数はあらかじめ決めておきます。ワールドカフェのようにラウンドを設定。各テーマオーナーが、それぞれテーブルに着き、ずっとそのテーブルを離れないようにします。あとの参加者はラウンド毎に異なるテーブルに移って、テーマオーナーの想いを引き出すコーチ役になります。ラウンドとラウンドの間には、テーマ提起者が学びを整理する時間を5分から10分ほどとります。1ラウンド目は、〝本当に大切なことは何か?〟です。テーマの背景にある想いについて参加者がテーマオーナーから引き出し

マグネットテーブル

ます。２ラウンド目は、〝その想いを実現する上で不足していること〟を参加者とテーマオーナーで対話し、明らかにしていきます。３ラウンド目は、テーマオーナーが起こすべき〝エレガントでミニマムな最初の一歩〟のアクションを一緒になって考えます。エレガントな一歩とは、やりたいことが周囲に的確に伝わる、象徴的なアクションのことを意味します。

**【マグネットテーブル※40】**

ワールドカフェやフィッシュボウルで話をして、視野が広がり、想いが深まったら、改めて本当にやりたいことはなんなのかを問いかけます。その本当にやりたいことをＡ４用紙に書き込

※40
参考
http://www.homes-vi.org/ 場づくり用語とその手法たち／

み、一緒に取り組めるメンバーを探すのがマグネットテーブルです。A4用紙を胸の前に掲げて、部屋中を歩きまわって、一緒にアイデアを具体化する仲間を自分自身で選びます。グループは、自分と似た想いを持った人、話せばおもしろい化学反応が起きそうな人、自分の考えを捨ててでも一緒に活動したい人、とつくります。

「③試作（プロトタイプ）してみる」ときに活用したい方法は、次のとおりです。

**【ブレインストーミング】**

ブレインストーミングはアイデアを大量に出したいときに用いる手法です。問いを設定したら、どんどんアイデアを出していきます。

多様なステークホルダーが話をすると多様なアイデアがたくさん生まれます。しかし、それらのアイデアのなかで本当に取り組むべきこと、本当に話し合うべきことはなんなのでしょうか。たくさんのアイデアにみんなで投票することで絞り込んでいきます。

**【クイックプロトタイピング】**

テーマについて自分ゴトとして話をして、自分で決めたテーマとメンバーで話を深めたら、いよいよアイデアを試作します。アイデアは突飛なほうがいいわけではありません。平凡でもみんなが自分たちから出てきたアイデアであることを理解して、そのアイデアを好きになることのほうが大切です。

プロトタイプの方法はさまざまです。そのプロジェクトが実現したときに、どんなふうに新聞の一面を飾るかを表現した「未来の新聞」でもいいでしょう。また、そのアイデアが実現している様子をグループで即興劇などによって表現してもらってもかまいません。ほかにおもちゃのブロックを使ったり粘土を使ったりして表現することもあります。

大切なのは試作して可視化すること。具体的な形にすることでチームメンバー同士のイメージの違いにも気づきます。フィードバックを受けることができるようになり、欠落しているものがあれば、補うこともできるのです。

## 【複数の未来を設定する手法】

未来のシナリオを具体的に描きだすシナリオ・プランニング[※41]という手法を用いて、重要でかつ不確実性の高い複数の未来をつくりだします。ステークホルダーが集まり、未来に向けての変化の兆しを多様な視点で出し合います。そして未来に起こりうる、重要で不確実性の高い変化の兆しから2軸をつくり、その2軸を交差させて4象限をつくります。そして、それぞれの象限がどのような未来なのか、世界観を具体的に描いていきます。

※41 『シナリオ・プランニング』ウッディー・ウェイド（英治出版）

### 【未来からバックキャストする手法】

「複数の未来を設定する手法」で描きだした4象限の未来に対して、それぞれの未来から現在を振り返ったときの成立条件を考えます。現在から未来を予測する思考方法をフォアキャスティング。未来から振り返って現在のアクションを考える思考方法をバックキャスティングと言います。

### 【チェックアウト&サークル】

チェックアウトでは、その日、話したことから自分は何に気づいて、どんな一歩を踏み出そうと思っているのかをステークホルダー一人ひとりに宣言してもらいます。チェックアウトをおこなう際には、なるべく椅子を大きなサークル状に並べて、全員の顔が見えるようにしておきましょう。

### 【クロージングトーク】

クロージングでは、イノベーション・ファシリテーターがその会場の雰囲気や想いを言葉にして伝えます。そして、イノベーションを起こすために、次のフューチャーセッションの開催を案内したり、参加者それぞれがアクションをおこなうことを後押しするようなパワフルなコメントでまとめます。

## アンケートの収集

ステークホルダーの気づきや学びを深めて、次のフューチャーセッションへとつなげていくために、アンケートをおこないましょう（図⑰）。アンケートは、後にレポートをしたり、報告書にまとめたりするときにも役立ちます。感想のほか、データとして定量的にまとめられるような質問項目を用意します。

## 図⑰ アンケート質問項目例

| 質問項目 | 選択肢 |
| --- | --- |
| **Q1** 自分のアイデアや意見を話すことができましたか？ | 1. 話せなかった<br>2. 話せた<br>3. 本音で話せた |
| **Q2** 新しい気づきや発見はありましたか？ | 1. なかった<br>2. あった<br>3. 想像していなかった気づきや発見があった |
| **Q3** セッションのテーマに継続して関わりたいと思いますか？ | 1. 関わりたいとは思わない<br>2. 関わりたい<br>3. テーマについて具体的に行動したい |

# 開催1週間以内 コミュニケーションをとる

## コミュニティをつくる

フューチャーセッションが終わったら、なるべくその日のうちにお礼メールなどを送ってコミュニティを維持しましょう。

なぜ、当日がいいかというと、**フューチャーセッションに参加したその日は、ステークホルダーにやる気が満ちている**からです。ここでコミュニティをつくって情報を交換したり、イノベーション・ファシリテーターがときどき問いを投げかけたりしないと、せっかく集まったステークホルダーたちにあまりつながりが生まれません。

集まったステークホルダー同士、イノベーションを目指すのであれば、コミュニティは必ずつくるようにしてください。

コミュニティをつくったら、イノベーション・ファシリテーターは、フューチャーセッションを通じて生まれたさまざまなプロジェクトを支援してください。といっても、プロジェクトすべてを支援していては、時間も労力もかかるため持続的ではありません。イノベーション・ファシリテーターができることは限られています。

コミュニティにはフューチャーセッションを開いていない間も活発な活動をおこなってもらう必要があります。そのためにイノベーション・ファシリテーターが、もっとも関心の高いプロジェクトに自ら参加してみるというのもひとつの手です。プロジェクトに関わりながら、**“プロジェクトメンバーとこんなふうに連絡を取って、活動をはじめるんだよ”ということを他のメンバーの手本になって伝えてあげる**のです。実際にプロジェクトが具体化されていく様子を見れば、他のステークホルダーの刺激になります。

また、コミュニティに定期的に問いを投げたり、宿題をつくったりして、ステークホルダーのモチベーションが下がらないように働きかけていきます。

## サマリーをつくる

フューチャーセッションの後にはサマリーをつくります。サマリーのタイプは、大きく分けて、プロセスレポートと最終報告書の2種類となります。

プロセスレポートをつくる目的は、その日の参加者や、参加したかったけれどできなかった人たちに向けて、その日にあったことを伝えるものとなります。フューチャーセッションはどんな流れでおこなわれたか、また、フューチャーセッションの間には、いろいろな小さなアウトプットが出てきているはずなので、どんなものが出てきたかなどを記しておきます。前半はこんな展開があり、中盤では８つのチームができて、終盤ではこんなアウトプットができましたという展開を、イノベーション・ファシリテーターの視点からステップバイステップで綴ります。

一方、最終報告書は、しっかりと効果を測定する内容となります。フューチャーセッション後に回収したアンケートをもとに、数値をまとめていきます。集まったデータから表やグラフをつくると信頼性の高い資料になるでしょう。

また、参加したステークホルダーはどのように感じていたのかなどもまとめながら、次のフューチャーセッションの課題を導き出します。フューチャーセッションの開催前と開催後で、参加者にどのような変化が起きたのかというストーリーをしっかりと記述しておくことも大切です。

最終報告書は、コンサルタントやプロジェクト・マネジメントを仕事にしているような人であれば、日常的につくっているものなので、それほど難しくはないかもしれません。ファシリテーターの勉強からフューチャーセッションをはじめた人は、最終報告書をつくるのが苦手という人が多いようです。報告書を書いたら、そのセッションに参加しなかった人に見てもらいましょう。フィードバックをもらいながら、少しずつ改善していきます。

## 開催から1ヵ月以内　イノベーションを構想する

### 次回のフューチャーセッションを構想する

**フューチャーセッションは単発で開催されることもありますが、イノベーションを起こすためには複数回開催することが必要になります。**

単発でおこなうときも、複数回でおこなうときも、ベースとなる考え方は変わりません。

ベースとなる考え方とはつまり、

**①参加者の信頼感を高める**
**②参加者に自分で決めてもらう**
**③試作（プロトタイプ）してみる**

という流れのことです。

単発のフューチャーセッションを、たとえば5時間で開催するのであれば、そのなかでこの3つの流れをつくります。フューチャーセッションを3回に分けて開催するのであれば、1回目のフューチャーセッションで信頼関係をつくり、2回目では参加者がやりたいプロジェクトを決める。そして3回目にプロトタイプをつくる、という進め方もできます。

コミュニティをつくって、参加者のプロジェクトを支援して、イノベーションに向けて進めていこうというのであれば、できれば複数回のフューチャーセッションを開いたほうがよいでしょう。また、複数回のフューチャーセッションを計画する場合は、あらかじめ、2回目や3回目のフューチャーセッションも構想しておく必要があります。

複数回でフューチャーセッションを開くことのメリットは、課題の当事者、アイデアをつくることが得意な人、アイデアを実際のプランに落とし込むのが得意な人、コミュニティをつくるのが得意な人など、つくる場に応じて、新たに呼びたい人を設定できることです。

また、セッションとセッションの合間に、イノベーション・ファシリテーターが分析をおこなうことにより、新しいリソースを探してきたり、ステークホルダーに課題を出したりすることができるという側面もあります。たとえば、1回目にたくさんアイデアを出してもらったとしたら、それを整理し分類して、2回目のフューチャーセッションでは、そのまとめたものに対しての気づきなどで対話をしてもらうことができるのです。

反対に、単発のフューチャーセッションでは、途中で帰ったりしない限り、参加者が入れ変わらないという大きなメリットがあります。複数回で開催するフューチャーセッションでは、毎回、全員に参加してもらうことはむずかしくなります。

単発でおこなうのも、複数回でおこなうのも、それぞれにメリットやデメリットがあります。**どういった形で開くかは、最初の段階でよく考えておきましょう。**

## ネクストステップを提案する

フューチャーセッションによるイノベーションは終わらないプロセスです。アイデアが出れば、それを実行するための計画や戦略が必要になります。アイデアを実行するためには、組織の持つ価値観やプロセスを変えたり、新たに商品コンセプトを立案したりしなければなりません。ひとつのフューチャーセッションが成功して、新たな関係性とアイデアが生まれると、次の問いが見えてくるのです。

フューチャーセッションは、**社会的な大きなゴールを設定して、そこに向かってステークホルダーの創造性を引き出していくプロセス**です。あらかじめ落としどころを決めないところに意味があります。その日、その場所で、その人たちが集まったからこその、創造的な未来を示してくれることが最大の期待だからです。そのため、プロジェクトは3ヵ月から半年単位で、結果を見せながら進んでいくことになります。大きな期待を持ちつつも、不確定な未来に向かってひとつずつ、確かめながら一緒に進んでいく必要があるからです。

あなたがもし、プロのファシリテーターだとするならば、最初の顧客からの依頼は「社員を集めてフューチャーセッションをやりたいんですが」という単発のファシリテーションからはじまるかもしれません。そのセッションが終わったあと、また次のファシリテーションの依頼を待っていてはいけません。それを繰り返していても、イノベーションは起きないからです。あなたの仕事も、発展しません。第1回のフューチャーセッションのアウトプットから、第2回の提案を顧客に示していくのです。同時に、1年から2年かけて実現したいイノベーションのゴールを仮説として示し、力強く提案しましょう。

「一緒にイノベーションを起こしていきましょう」と。

# さらなる探求のために（参考図書）

## ファシリテーション

イノベーション・ファシリテーターとして社会的課題に立ち向かう上で、基本的なファシリテーションの型を学んでおきたいと考える人のために、いくつかの良書を紹介します。会議や組織のファシリテーションについては、次の3冊を読めば、自信を持って臨めるでしょう。

**『ファシリテーター型リーダーの時代』**フラン・リース（プレジデント社）
**『ファシリテーター完全教本　最強のプロが教える理論・技術・実践のすべて』**ロジャー・シュワーツ（日本経済新聞社）
**『問題解決ファシリテーター「ファシリテーション能力」養成講座』**堀　公俊（東洋経済新報社）

ファシリテーションを経験したことがない方には、物語で学ぶことをおすすめします。次の3つの本は、読み物としても楽しく秀逸です。

**『ザ・ファシリテーター』** 森 時彦（ダイヤモンド社）

**『私が会社を変えるんですか？ AIの発想で企業活力を引き出したリアルストーリー』** 本間正人、中島崇昴（日本能率協会マネジメントセンター）

**『チーム・ダーウィン「学習する組織」だけが生き残る』** 熊平美香（英治出版）

## デザイン思考と未来思考

イノベーションをもっと深く理解するためには、デザイン思考と未来思考について学ぶ必要があります。デザイン思考については、IDEOのティム・ブラウンの書籍に思想的背景がしっかり書かれています。自分でやってみようと思ったら、慶應SDMの本や、その他たくさんのデザインメソッドをまとめた本が出ています。

**『デザイン思考が世界を変える――イノベーションを導く新しい考え方』** ティム・ブラウン（早川書房）

**『システム×デザイン思考で世界を変える 慶應SDM「イノベーションのつくり方」』** 前野隆司ほか（日経BP社）

**『101デザインメソッド――革新的な製品・サービスを生む「アイデアの道具箱」』**ヴィジェイ・クーマー（英治出版）

未来思考は、シナリオ・プランニングの本がいくつか出ていますので、フューチャーセンターと合わせて学ぶことをおすすめします。

**『シナリオ・プランニング――未来を描き、創造する』**ウッディー・ウェイド（英治出版）
**『フューチャーセンターをつくろう』**野村恭彦（プレジデント社）

## 対話による社会課題解決

ファシリテーターとして、社会変革に立ち向かうときがきたら、次の本を読むことをおすすめします。アダム・カヘン氏は世界各地での紛争解決をファシリテーションの力を活用して進めています。

**『手ごわい問題は、対話で解決する』**アダム・カヘン（ヒューマンバリュー）
**『社会変革のシナリオ・プランニング――対立を乗り越え、ともに難題を解決する』**アダム・

カヘン（英治出版）

社会変革に立ち向かう上で、対話のパワーというものをさらに深く理解しておく必要が出てきます。対話は情報交換や議論ではなく、相互理解をこえた自己変容であることが、次の本を読み進めるうちに理解できると思います。

**『ワークショップ――新しい学びと創造の場――』**中野民夫（岩波書店）
**『ダイアローグ　対立から共生へ、議論から対話へ』**デヴィッド・ボーム（英治出版）
**『シンクロニシティ［増補改訂版］――未来をつくるリーダーシップ』**ジョセフ・ジャウォースキー（英治出版）
**『源泉――知を創造するリーダーシップ』**ジョセフ・ジャウォースキー（英治出版）
**『人と組織の問題を劇的に解決するＵ理論入門』**中土井僚（ＰＨＰ研究所）

## 問いづくりの力を高める

イノベーション・ファシリテーターは、さまざまな想いや問題に対処していかなければなりません。「問い」を設定する力は、考える力であり、言葉を大切に使う力でもあります。

大澤さんの『〈問い〉の読書術』は、彼が選んだ良書から、さらにどんな問いが生まれてくるのか？　という焦点の当て方をしていて、勉強になります。哲学をわかりやすく伝えてくれる本も、いかに社会をモデル化していけばいいのかを学ぶことができ、問いづくりに役立ちます。

**『〈問い〉の読書術』** 大澤真幸（朝日新聞出版）
**『闘うための哲学書』** 小川仁志、萱野稔人（講談社）

社会科学的な視点も大事で、社会運動やコミュニケーションというものを深く考えるきっかけをくれる次の２冊は、問いづくりに多くの視点を与えてくれるでしょう。

**『社会を変えるには』** 小熊英二（講談社）
**『わかりあえないことから――コミュニケーション能力とは何か』** 平田オリザ（講談社）

第3部

# 不安、疑問に答えるQ&A

INNOVATION FACILITATOR

本書は、フューチャーセッションを開くことを目的とした本ですが、ここまで読んでも、最初の一歩を踏み出すことにためらう人がいるかもしれません。そんな人のために、よく質問を受ける内容について、Q&A形式でまとめてみました。

## Q 失敗したら……と思うと、不安でフューチャーセッションが開けません

**A** 失敗が怖いのであれば、最初は小さくはじめることを心がけてください。

多様なステークホルダーを必要とするフューチャーセッションですが、根本的にはホームパーティに似た性質を持ったものと考えていただいて問題ありません。

〝あのNPOの人とあの行政の人は、互いに知り合いではないけれど、きっと話が合うだろうな〟。みなさんの身近な人間関係にも、そんな状況の人たちはいるはずです。まるでパーティにお招きするような感覚で、そんな人たちを呼び寄せて、お互いをつなげてみてはいかがでしょうか。集まったら楽しそうな身近な人たちを呼ぶだけなので、そこには失敗などありません。

お互いが関心を持ちそうなトークテーマで盛り上がれば、「もっとこういう立場の人を呼んだら楽しそうだよね」という話をして、だんだんステークホルダーの輪を広げていくのです。自分の知り合い同士をつなげてあげるようなイメージで、まずは小さくはじめると、そのメン

バーたちがコアメンバーになってくれる可能性が高いのです。

## Q 困りごとを持った人はたくさんいます。どんな人に会ったときにフューチャーセッションを提案すればよいでしょうか。

**A** 社会的な課題に直面する当事者に出会った場合、まずはイノベーション・ファシリテーター自身がその想いに共感するかどうかを大切にしてください。そしてその当事者の想いと、つなげたい別の想いを持った人の顔が思い浮かぶようならフューチャーセッションを開いてもいいのではないでしょうか。

たとえば、地域で子どもが伸び伸びと遊ぶための場所づくりをしたいという人に出会ったとします。イノベーション・ファシリテーターは、似たようなことを言っていたり、やっていたりする人を思い浮かべます。つながったらおもしろそうだと思う人の顔がたくさん思い浮かぶなら、やってみようという動きになるわけです。とくに、このメンバーが集まると、新しい視点が生まれそうだと思うメンバーが思い浮かぶのであれば、ぜひ開催するといいでしょう。

イノベーション・ファシリテーターのあまり関心のないジャンルの相談であったり、あまりにも知識がない領域についての相談であったりする場合は、自分自身が納得するまでリサーチをしてみてから、フューチャーセッションを開いたほうがよいでしょう。

## Q 当事者のどんな想いに対して、フューチャーセッションは開くべきなのでしょうか。

**A** 当事者の話を聞いたときに〝その視点は世の中を変えるのではないか〟と思えるような内容であるならフューチャーセッションに向いていると思います。たとえば、〝子ども向けの商品は子どもの視点でつくらなきゃ！〟という想いや、〝認知症は医療の問題じゃなくて、まちづくりの問題なんだ〟という想いは、物事の見方を変えるものです。こういったケースはフューチャーセッションに向いています。

〝お金がないからみんなで集まってフューチャーセッションを開いてみよう〟という考えや、〝すでにやりたいことは決まっているんだけど、それをサポートしてくれるメンバーが必要だからフューチャーセッションを開いてみよう〟という考えのときは、もう一度よく考えてみましょう。自分の想いを啓発したいという欲求ではじまるフューチャーセッションは、成立しないことが多いのです。

どうにかしたいけれど、1人ではどうしようもない……。そんな状況で、当事者自身も大きな変化を求めており、多くの人の共感を集めそうな公共性の高い想いがあれば、フューチャーセッションを開くべきです。

## Q 運営グループ（コアメンバー）とステークホルダーの境界線はありますか？

**A** フューチャーセッションを開く場合には、コアメンバーを集めて、そこからステークホルダーを広げていくのですが、コアメンバーもステークホルダーもあまり分けて考える必要はありません。

たとえば、フューチャーセッションが終わって、〝ここからどんなことを学んだのだろうか〟という振り返りのミーティングを開いたとします。その場に、その日はじめて参加したステークホルダーが参加していても、なんら問題はありません。コアメンバーは、あくまで、いまのそのコミュニティの中心にいる人たちくらいの意味づけで、どんどん増えていってもかまわないのです。フューチャーセッションは、そのような開かれた場です。もっとも、人が増えることにより、マネジメントのハードルは上がるかもしれませんが。

逆に、コアメンバーが運営に意識を置きすぎて、対話に参加しない場合がありますが、これはよくありません。コアメンバーは、対話のテーマとなっている社会的な課題に強い関心を抱いていて、それについてどのような意見が飛び交っているか気になって仕方がないはずです。進行はイノベーション・ファシリテーターにまかせて、コアメンバーにもどんどん対話に加わってもらうようにしてください。

## Q ステークホルダーが思い浮かばないのですが、どんな基準で選べばいいですか？

A フューチャーセッションには多様なステークホルダーが必要ですが、厳密に言えば関心を持ったステークホルダーばかりが必要だというわけではありません。その社会的な課題に対しては、まったくの非当事者ではあるけれど、つながって一緒に話してくれたらおもしろそうな人を選んでもよいと思います。また、ステークホルダーであっても、ただ自分の立場を主張するのではなく、自分の立場にこだわらずに、本当にその社会的な課題を解決したいという想いを持った人もぜひお招きしたいところです。

なるべくいろいろな立場の人を集めて、このメンバーが集まれば、おもしろい解決方法が見つかるかもしれないというメンバーに声をかけるといいでしょう。

## Q 引っ込み思案なので大勢の人を前にイノベーション・ファシリテーターとして振る舞えるのか不安です。

A むしろイノベーション・ファシリテーターは、そういう人こそ担うべき役割だと感じています。前に出てどんどん意見を言うタイプの人は、あまりイノベーション・ファシリテーターには向いていません。なぜなら、会場に来ている多様なステークホルダーを主役として、彼らの意見を立てることができないからです。

イノベーション・ファシリテーターは、あまり人前に出ることが得意ではなくても、一人ひとりの意見に心から共感し、しっかりと話を聞けるタイプの人こそ向いているのです。

## Q みんなに意見を求めてもあまり積極的に発言する人がいません。どうすればいいのでしょうか？

**A** 大勢の人を前にすると、人は形式ばってしまって、正しいことを言わなくてはならないような気分になってしまうのです。また、誤解されることのないよう言葉選びも慎重になりがちです。

フューチャーセッションでは、参加人数が多かろうが少なかろうが、小グループに分かれて話をするという場面をとても大切にしています。たとえば、参加者が4人の場合でも、2人ずつのペアで対話をしてもらって、その後、ペアで話した内容を共有する、といった具合です。

いちばん発言のハードルが下がるのは、1対1のペア対話です。1対1なら、本音で話すことができます。ほかの参加者と共有するときは、自分の話ではなく、ペア相手の話について紹介してもらうと、よい雰囲気になります。それを4人で話し、8人で話し、全員で話し、というふうに広げていくと、個人的な話を全員で共有することが可能になります。

## Q フューチャーセッションを開く会場はどんな場所を探せばいいですか？

A　フューチャーセッションを開く理想の場所は、対話のテーマとなるところです。まちのことを話すのであればまちの中。商店街のことを話すのであれば商店街の中。学校について話すのであれば学校の中です。まずはトピックスに合わせて理想的な場所を探して、現実的に借りられるか、借りられないかという話になります。

場所を借りる際にトライしてほしいことがあります。その場所の持ち主は対話テーマにおけるステークホルダーである可能性が高いのです。たとえば、商店街を活性化させるフューチャーセッションを開こうと思ったときに、その一角にある喫茶店に目をつけたとします。商店街の活性化について話すわけですから、もちろんその喫茶店のオーナーもステークホルダーです。そうであるならば、声をかけて、対話の仲間になってもらうのです。そんなふうに仲間を増やしながら、意義の高い場をつくっていくわけです。

よくないのは、お金がないからといって、なるべく安く借りられる場所や無料で使える場所を探すことです。「安い場所を探しているので使わせてください」と言われては、貸す側もあまりいい気はしないのではないでしょうか。会場を貸す人にとってのベネフィットを考えること。イノベーション・ファシリテーターには、常にこのホスピタリティの精神が必要なのです。

それに、なにか特別なことをしようとしない限り、会場代はそれほどかかるわけではありません。

たとえば、レストランを借り切ってフューチャーセッションを開くとしても、参加者がみんなで食事代を支払えば、それで済むのではないでしょうか。

大切なのはテーマに合った会場を借りること。そして、貸してくれる人の気持ちを考えて借りることです。もしみなさんが会場の持ち主だったとしたら、「ぜひ、この会場でやらせてほしい。この会場でなければ意味が薄れてしまうんです！」と言われたほうが、気持ちよく貸し出せると思いませんか？

## Q 開催日時はいつにするのがいちばんよいのでしょうか？

A 開催日時については、ステークホルダーがいちばん集まりやすそうな日時がおすすめです。たくさんのビジネスマンに来てほしいのであれば平日の夜がいいでしょう。子育てしている人にきてほしいのであれば土日がいいのではないでしょうか。しかし、究極的な理想は平日の昼間におこなうことです。

会社勤めの人は仕事があります。役所の人も、NPOの人も仕事です。しかし、上司を説得して、平日の昼間に仕事としてフューチャーセッションに参加してほしいのです。フューチャーセッションを平日昼間に開催することは自然にそのメッセージを発信することになります。

また、フューチャーセッションの開催時間は、短くても90分はほしいところです。3時間から4時間くらい時間がとれると、しっかりとした対話を組むことが可能になります。参加者同士が信頼し合い、何が大切なのかをみんなで決めて、プロトタイプする。このプロセスを描いていくわけですから、時間がある程度長く取れる日時に設定することが望ましいのです。

## Q 会場に参加者がまばらにやってきます。開始時間までどうやって間を持たせればいいですか？

A いちばんいいのは来場した参加者にやってもらうことをつくっておくことでしょう。紙を渡して何かを書いてもらってもいいかもしれません。集まった人から順に対話がはじめられるよう簡単なテーマを用意しておいてもいいかもしれません。また、参加者がある程度顔見知りである場合は、コーヒーコーナーをつくっておくとよいでしょう。
会場に来た参加者一人ひとりに話しかけて、参加者同士をつないでいくことも有効です。フューチャーセッションの開催中は、なるべく会場に多くの知り合いがいたほうが、イノベーション・ファシリテーターも安心できます。参加者それぞれのことを知っていれば、〝こんなときにはあの人にコメントをうながして〟など、場の盛り上がりをつくっていきやすくなるためです。

フューチャーセッション開始前には、ステークホルダーを迎え入れながら、なるべくたくさんの人に話しかけて、または人と人をつなげて、参加者のことに興味を持って知るようにしてください。そうすれば、セッションがはじまってからもスムーズに進行させることができます。

## Q 参加を呼びかけるのは、いつ、どんなタイミングがいいですか？

A フューチャーセッションへの参加は、開催1ヵ月前くらいにアナウンスすればよいでしょう。1ヵ月前に知らせが届けば、興味を持った人はスケジュール帳にその予定を書き込んでくれます。1ヵ月前であれば、予定が詰まっていない人もたくさんいるのではないでしょうか。また、開催3日前くらいにもう一度知らせが来たら、予定が空いていれば参加してみようかなと思うかもしれません。ですから、告知のチャンスは2回あると思ってください。

ただ、ベースにある考え方として、〝あなたに来てほしい〟というメッセージを伝えることが重要です。フェイスブックなどで広く発信しながら、それとは別に、フューチャーセッションに来てほしい人には個別でメッセージを送るようにしてください。「この対話に、ぜひ、あなたに来てほしいのです。あなたが来れば、新たな視点が得られて、場にイノベーションが起きる確率が高まると思うのです！」というように、来てほしい人にはちゃんとメッセージするようにしてください。

よく、ソーシャルメディアを使って1000人も2000人も招待しているイベントがあります。イベントを開く人のなかには、たくさん招待すればするほどいいと思っている人もいます。しかし、たくさん招待しているということは、言い換えれば、「あなたに来てもらわなくてもいいんですよ」というメッセージを発信してしまうことになっています。3000人に招待状を出しているイベントと、あなたにぜひ参加してほしいと個別に招待状を送ってくるイベント。あなたはどちらのイベントに参加する必要性を感じますか？

## Q イノベーション・ファシリテーターとしての経験を積むために参加費無料で開催したいのですが問題はありませんか？

## A

参加費を取るか取らないかは難しい問題です。そもそも、なんのために参加費を取るのでしょうか。有料にするのであればその根拠がわかるようにしておいてください。

ゲストとして呼んだ方に謝礼を支払いたいから、会場を借りるのに費用がかかったから、軽食を用意したから、など、そのような理由があって参加費が必要になるのは自然なことです。

しかし、参加費でイノベーション・ファシリテーターとしての利益を得ようとすると、矛盾がでてきてしまいます。

参加者から参加費をもらって、それを利益にするのであれば、イノベーション・ファシリテーターは参加者を喜ばせなくてはならなくなります。フューチャーセッションでは、参加者たちが課題を達成することや新しい価値を生むことに本来のバリューがあります。

しかし、参加者たちに満足してもらおうと考えると、研修やエンターテイメントになってしまうのです。そういう意味から、無料でやれるのであれば無料で、有料でやるのであればその根拠を示すべきなのです。イノベーション・ファシリテーターがプロとしてそれを生業としている場合は、それもふくめて有料の根拠として参加者に示しておくほうがよいでしょう。

イノベーション・ファシリテーターは、参加費を集めることより、フューチャーセッションを通して生まれたアウトプットに価値をつくることを大切にしてください。たとえば、市役所の人たちがなんらかの課題の達成をしたいと考えていて、市民に参加してもらいたがっていたとします。イノベーション・ファシリテーターが行政と市民が対話する場をつくり、新しい協働のアイデアを生み出したとしたら、そのアウトプットには大きな価値があります。そのバリューを得ているのは市役所というわけですから、行政がイノベーション・ファシリテーターに費用を支払えばよいのです。

参加者から参加費を取るのではなく、アウトプットを通じてバリューを受け取る人に、対価を支払ってもらうモデルを目指してください。

## Q フューチャーセッション開催後は、アンケートをとったほうがいいですか？

A アンケートをとる目的にもよるとは思うのですが、本来はイノベーション・ファシリテーター側の都合でとるのではなく、参加者のためにアンケートをとるのです。

フューチャーセッションに参加して、これからどんなふうにこの社会的な課題に関わっていこうと思っているのかなどを書いてもらったり、この活動に対するイメージを書いてもらったりすれば、その人をまた誘ったほうがよいかがわかります。また、言いだせないけれど、本当はコアメンバーに加わりたいのだといった想いを知ることもできます。

レポートを公開するためにアンケートを集める場合は、定量化できる項目をつくってアンケートに答えてもらえば、フューチャーセッションのインパクトを、わかりやすく発信することが可能となります。それが、次の仲間を集める材料にもなるわけです。この活動を広げたいという気持ちが参加者と共有できていれば、喜んで協力してくれるでしょう。

## Q 序盤でみんなが自己紹介をする流れを考えていたのですが、緊張してとばしてしまいました。そんなときはあとからでも自己紹介すべきですか？

A フューチャーセッションでは、その場その場で起こることに、いかにクリエイティブに対応できるかが大切です。たとえば、ある程度進行してから自己紹介をしようと思ったら、そのタイミングで必要な方法を選べばよいと思うのです。そのあたりも踏まえながら、たとえば、参加者の所属がキーポイントになるフューチャーセッションであれば、「企業の方はどのくらい、いらっしゃるのでしょうか？　手を挙げてみてください。それでは、ＮＰＯの方はどのくらい、いらっしゃるのでしょうか？　手を挙げてみてください」など、簡単なものでもよいと思います。

あるいは、４人ずつのグループに分かれて対話をしていたとします。そんなときには、「いま話し合ったことについて、８人グループをつくって共有してください。そのとき、簡単に自己紹介をしてから対話をはじめましょうか」と言うのでもいいと思います。

そうすればグループのなかで自己紹介をすることができます。たとえば40人の参加者がいるときに、全員の自己紹介はそもそも必要なのかをその場で判断するわけです。ランダムな８人の間の自己紹介で、その場の集まりの多様性がなんとなく掴めるのであれば、無理して全員の自己紹介をする必要はありません。そのように柔軟に考えればいいのです。

## Q フューチャーセッションで出てきたアイデアがとても突飛に感じられます。そんなときは、どう対応すればいいのでしょうか？

**A** 参加者みんなで信頼を深めて、合意形成をおこない、そしてそれを実現するためのプロトタイピングをおこなうフューチャーセッション。おもしろければどんなアイデアでもかまわないという態度で進めてしまうと、プロトタイプのときに突拍子もないアウトプットが出てきてしまいます。

本来、フューチャーセッションには想いを持った当事者がいます。そして、その社会的な課題を深く理解しているステークホルダーが集まっています。そのメンバーが、課題の達成のために対話をおこなうのですから、基本的には、その課題を自分ゴトにするようなアイデアが出てきている可能性が高いのではないかと思います。

もちろん、「こんなアイデアが実現すればいいのに」という、一見突拍子もないようなアイデアが出てくることもあるでしょう。そんなときには、もう一度、対話を挟んでみてはいかがでしょうか。そのときの対話のテーマは、〝そのアイデアを実現するために、一人ひとりができる小さな一歩とは？〟。突拍子もないアイデアに思えたのなら、それをブレイクダウンして、自分ゴトに引き寄せることが大切です。他人ゴトに終わってしまわないように、丁寧に参加者の状況を把握しながら、対話を重ねることです。

## Q 参加メンバーにはインターネットをやっていない高齢者も多くて、ソーシャルメディアでグループなどをつくることができません。メッセージを伝えたり、次回の開催の連絡をしたりするには、どうすればいいでしょうか？

A 基本的に、参加者はなんらかのチャネルを使ってフューチャーセッション開催の情報を入手しているはずです。ですから、伝えるべきことがある場合は、同じチャネルを使ってアプローチするのがいいでしょう。

たとえば、区が発行しているお便りで知ったのであれば、それを使うといいでしょう。人づてに聞いてということであればその人に伝言をお願いしてみればいいでしょう。

フューチャーセッションが終わった後、イノベーション・ファシリテーターは、参加者一人ひとりを追うことまではできません。ですから、ステークホルダー同士が、それぞれ連絡を取り合ってプロジェクトを進めていけるよう、ぜひ参加者の皆さんに問いかけてください。たとえば、連絡係になってくれる人を最後に募集してみてもかまいません。その場に集まった人たちを信じて、託すことが大切です。

## Q フューチャーセッションの内容をどんなふうに発信すればよいのでしょうか？

**A** フューチャーセッションでは、プロトタイピングとして、アイデアやプロジェクトを導き出しますが、それ自体が答えだというわけではありません。

フューチャーセッションには開催の意図があります。こういう課題をこういう人たちで話をしてこんなアウトプットが出せたらいいなという意図です。その意図に対して、参加した人たちはどんな気づきを得て、また、出てきたアウトプットは本当にその課題の達成に向かうのだろうかということをトータルで示すことができなければ、外部の人たちはアウトプットを見ても理解することはできないでしょう。

たとえば、フューチャーセッションを開いた結果、まちに樹木を植えようというアイデアがまとまったとします。でも、参加していない人からすれば、なぜ木を植えることになったのかさっぱりわからないのです。

参加者以外の人に、フューチャーセッションの内容を伝えるためには、どうして、このアイデアが生まれることになったのか、レポートのなかできちんと文脈を示してあげることが重要です。同時に、このアイデアが当初の目的にどのくらいかなっているものなのかを検証して、示すことが必要です。また、その日のセッションを通して、新たに発見された課題や次の開催予定も示しておきましょう。そうすることで、フューチャーセッションが単なるアイデア出しの場ではなく、深い洞察をもたらす場であることが伝わり、それを読んだ人に、自分も参加してみたいと思ってもらえる可能性が高まります。

また、アウトプットを紹介する場所は、参加募集をしたチャネルを使うのがいちばんです。もちろん、ソーシャルメディアで発信し、人づてで伝えていくのもいいと思います。参加したかった人の目に触れるところはどこだろうかと考えて、できるだけさまざまな場所に置いておけるといいでしょう。

## Q 何回かに分けてフューチャーセッションを開く場合、どれくらい期間をあけるといいですか?

A 連続してフューチャーセッションを開くよう計画を立てた場合、開催間隔については、毎回違う人を集めるのか、同じ人が集まるのかによって違いがあります。

毎回違う人を呼ぶのであれば、1ヵ月は間を開けておかないと参加者の招待などが間に合わなくなる恐れがあります。毎回同じ人が参加するのであれば2週間に一度のペースで開いても問題はありません。ただ、フューチャーセッションとフューチャーセッションの間に、参加者たちに何かしらのアクションを起こしてもらうことを意図するのであれば、そのときは2ヵ月くらい間を開けてもいいのではないでしょうか。2週間、あるいは1ヵ月しかないと、その間になにもできないかもしれませんから。

## Q フューチャーセッションではよく場に笑いが起きているようなイメージがあります。イノベーション・ファシリテーターにユーモアは必要ですか？

A 場に笑いがたくさんありさえすればいいわけではありません。それよりも、テーマになっている社会的な課題に対しての固定的な考え方を外すことが大事です。

課題を課題のまま受け入れると新たな発見がしづらくなりますから、ファシリテーターはなるべくみなさんのなかにあるバイアスを取り払うために、たとえば権力にしばられないような意見を提示することがあります。そのときに、妙にまじめに伝えてしまうと堅苦しくなってしまうため、ユーモアが役立つのです。

学校の未来を考えるというフューチャーセッションを開いたとしましょう。参加者のなかには当然学校の先生もいるわけです。そのような場に対して、「いまの学校教育は間違っているのではないでしょうか」と言っても、先生はおそらく反論したくなってしまうでしょう。

そうではなく、「普段の授業のなかには、本当はやりたくないことだってあるんじゃないですか？」と、ニヤニヤしながら聞くと、一緒に笑うことができます。参加者の本心を引き出しながら柔軟に考えるために、ユーモアは大きな役割を果たしてくれるでしょう。

## Q イノベーション・ファシリテーターがフューチャーセッション中に言ったほうがよい言葉と、言わないほうがよい言葉はありますか？

A 話し合ったことを共有したり、アイデアを発表したりするときに、〝これはブレイクスルーにつながるのではないか？〟と感じられる言葉が出てきたら、イノベーション・ファシリテーターはその言葉を大きく取り上げてください。そのまま流してしまうと、たくさんの意見のなかの1つとして埋もれてしまうかもしれなかった言葉も、場を開いている理由をよく理解しているイノベーション・ファシリテーターであれば気がつくはずです。

見逃したらどうしようと、神経をとがらせる必要はありません。好奇心が刺激されたときに、その好奇心に従って楽しみながら、場を膨らませればいいのです。

反対に言わないほうがいいことは、自分自身の意図に合わない意見に対するネガティブな言葉です。たとえば、参加者の誰かが、誰かの意見を否定するようなことを言ったとしましょう。

そんなときでも、「誰かの意見を否定しないでください」とは言わないほうがいいのです。なぜならば、イノベーション・ファシリテーターがそのように誰かの意見を抑えつけようとすると、参加者はみな、イノベーション・ファシリテーターによって場がコントロールされているというふうに感じるからです。

否定的な意見を言う人が現れた場合は、あえてスポットを当ててみてもよいのではないでしょうか。「なにかすごく言いたい意見がありそうなので、せっかくならみんなの前で話してみていただけませんか？　その話のなかにイノベーションのヒントがあるかもしれません」というふうに。

実際、そういった方の意見は、場に新たな視点を持ち込むことも珍しくありません。また、否定的な意見を言っていた人の態度ががらりと変わると、場が一気に進展することもよくあることです。「あのフューチャーセッションに出てから、否定的だったあの人の意見が変わった！」というのは、ひとつの奇跡です。そのような奇跡は、フューチャーセッションを進めるうえでの大きなパワーとなり、イノベーションのチャンスにも結び付きます。

## Q 締めの言葉などでは、どんなことを話せばいいのでしょうか？

A 理想的なクロージングトークは、その場に参加しているコアメンバーやステークホルダーの皆さんが、言いたいであろうことを代表して言葉に表すことです。イノベーション・ファシリテーター自身が話すというよりは、参加している人たちの言葉を借りて話すような感覚です。

よく、小説家が、登場人物たちが勝手に動き出す、というようなことを言いますが、それに似ているかもしれません。当事者はこんなことを考えているのではないだろうか、コアメンバーはこんなふうに感じているのではないだろうか、ステークホルダーはこんなことを言いたいのではないだろうか。そんなことをずっと考えていると、だんだんイノベーション・ファシリテーターのなかに彼らの想いが見えてくるようになります。そして、そうやって自分のなかに内在化されたキャラクターの言葉を話すという感じなのです。

もともと、イノベーション・ファシリテーターは、その対話のテーマにそれほど関係がない人です。ですから、大切なのはイノベーション・ファシリテーターが言葉を話すのではなく、参加者のキャラクターを理解して、それを言葉にするということなのです。

そのような意味では、フューチャーセッションに参加している人が身近な人であると進行しやすくなります。ふだんから、その人がどんなことを考えていて、どんなことを言いそうな人か理解しやすいからです。

フューチャーセッションを開いて参加者を招き入れるときに、なるべくたくさんの人と話をして、みんな知り合いの状態にしてからはじめると進めやすい、とお伝えしましたが、参加者のキャラクターを把握しておくとクロージングトークでも役立つのです。

イノベーション・ファシリテーターは、当事者とステークホルダーの想いに対して、もっとも敏感な存在でいたいものです。

# あとがき

　この本は、イノベーション・ファシリテーターをめざして活動する、ライターの井上晶夫さんとの対話をとおして生まれたものです。井上さんは、私の開催するフューチャーセッションに何度も参加し、そのたびに「どうやってこういう場をつくるのですか」と質問攻めにしてくる人でした。本書を執筆しようとしたときに、編集の中嶋愛さんが「これからイノベーション・ファシリテーターになりたい人のために、この本が書けたらいいですね」と言ったとき、すぐに井上さんのおむすび顔が目に浮かびました。井上さんの質問に応えるような、そんな本を作ろうとなったわけです。

　私はイノベーション・ファシリテーターを職業として、一年に80以上のフューチャーセッションの設計とファシリテーションをしています。企業とは、新規事業創造、ブランディング、新商品コンセプトづくり、次世代リーダー育成など、さまざまな未来に向けたプロジェクトを実施しています。NPOや行政、大学とは、地域活性化や産業創造、地域イノベーター育成のプロジェクトに加え、日本全体に対話プラットフォームを広げるための国家プロジェクトも推進しています。フューチャーセッションはまさしく、あらゆるセクター、あらゆる産業、あらゆる社会問題に適用できることが実証されてきています。

この本の最大のチャレンジは、このような複雑な問題を解決したり、イノベーションを起こすために開発され、探求されてきたイノベーション・ファシリテーターの思想と実践を平易な形で著すことでした。そのために、イノベーション・ファシリテーターの最大の特徴である、セッション前と後の活動に焦点を当て、考え方から具体的なアクションアイテムに至るまで、網羅的に示すことにしました。そのため、従来のファシリテーター本とは一線を画した、「イノベーションを起こすための企画者」向けの本のような構成になったわけです。この思想と実践を理解することで、フューチャーセッションの開催まではこぎつけられるはずです。よい問いと適切な参加者が集まれば、当日は参加者の持つ知恵と可能性に委ね、余計なファシリテーションスキルに頼ることなく、よい場をつくることができるでしょう。従来の対話を取り仕切るタイプのファシリテーターとは違う、参加者が主役の場をつくるイノベーション・ファシリテーターが増えることが、私の願いです。

この本は、中嶋さんと作ってきた『裏方ほどおいしい仕事はない!』『フューチャーセンターをつくろう』に続く、変化を生み出すファシリテーターになるための3部作の最終章になります。『裏方ほど……』では、組織内の協力関係を生み出すための「事務局力」というインフォーマルな関わり方を提示しました。『フューチャー……』では、トップダウンでフォーマルに、組織内外の協力関係を生み出すための仕組みを紹介しました。そして本書『イノベーション・ファシリテーター』では、これら協力関係を生み出すための関わり方や仕組みの集大成として、社会的にイノベーションを次々と起こしていく「新しい職業」の提示を試みました。

　イノベーション・ファシリテーターを自らの職業として位置づけ、社会のさまざまな立場から広くステークホルダーに関わり続ける人が増えることで、社会全体に信頼のネットワークが広がりはじめています。あなたが一歩踏み出し、あなた自身の立場から、この信頼のネットワークを育てていっていただけることを心から期待しています。

　イノベーション・ファシリテーターとしての研鑽の場はたくさんあります。フューチャーセッションは、外部のステークホルダーを招き入れるという特徴があるため、そのほとんどがオープンに参加者を募集しているからです。1つでも多くのフューチャーセッションに参加してみてください。そして感触をつかんだら、自分自身でフューチャーセッションを開いてみてください。最初からうまくやる必要はありません。参加者を主人公にして、丁寧に場をつくることで、新たな関係性が生まれます。フューチャーセッションの参加者の協力が、あなた自身を予想もしなかった世界へと連れて行ってくれるかもしれません。1人ではできないことをみんなの協力で実現していけるところが、イノベーション・ファシリテーターの醍醐味です。

　日本中、さらには世界中のフューチャーセッションの設計から成果まで、インターネットで簡単に参照できるようになったのは、フューチャーセッションズの筧大日朗と有福英幸が構想したOUR FUTURESのおかげです。

イノベーションファシリテーターの講座では、ひたすら実践をくり返すことで、スキルを忘れるくらいに身体知を鍛え上げます。このプログラムの開発と実施はフューチャーセッションズの芝池玲奈と上井雄太の力がなければ、まったく進まなかったでしょう。

これらの環境が整ったことで、誰もがイノベーション・ファシリテーターとしての修練を積み、プロのファシリテーターとして活躍していける土壌も整ってきています。

イノベーション・ファシリテーターという職業は、当事者に寄り添い、コアメンバーの言葉に耳を傾け、フューチャーセッションの参加者のために場をつくるという、まさに尽くして尽くして尽くし続ける仕事です。でもその結果、知らず知らずのうちに多様な視点を得ることができ、あなた自身がもっとも成長していることに気づくことになるでしょう。

イノベーション・ファシリテーターという生き方は、自分のビジョンで社会を変えていこうとするリーダーとは異なります。社会を変える想いを持った人たちの、まさに裏方として、よい場と関係性を生み出し続けていく仕事です。歴史に名前を刻む仕事ではないかもしれませんが、豊かな関係性の中で、多くの人の想いの実現に関わる仕事です。こんなに素敵な仕事はない、私は日々そう感じています。

あなたが、社会を変えるイノベーション・ファシリテーターとして、すばらしい人生を歩むことを祈って。

著者について

## 野村恭彦

Takahiko Nomura

フューチャーセッションズ代表。富士ゼロックスを経て、企業、行政、NPOを横断する社会イノベーションをけん引するため、2012年に独立。金沢工業大学教授（K.I.T. 虎ノ門大学院）。国際大学GLOCOM主幹研究員。慶應義塾大学大学院理工学研究科博士課程修了。博士（工学）。著書に『サラサラの組織』（共著／ダイヤモンド社）、『裏方ほどおいしい仕事はない！』『フューチャーセンターをつくろう』（ともにプレジデント社）。翻訳監修書に『コミュニティ・オブ・プラクティス』（翔泳社）、『ゲームストーミング』（オライリージャパン）、『シナリオ・プランニング』（英治出版）などがある。


# INNOVATION FACILITATOR
## イノベーション・ファシリテーター


2015年5月19日　第1刷発行

| | |
|---|---|
| 著者 | 野村恭彦 |
| 発行者 | 長坂嘉昭 |
| 発行所 | 株式会社プレジデント社 |
| | 〒102-8641 東京都千代田区平河町2-16-1 |
| | 平河町森タワー13階 |
| | 編集（03）3237-3732　販売（03）3237-3731 |
| | http://www.president.co.jp/ |
| 編集協力 | 井上晶夫 |
| 制作 | 関 結香 |
| 製作 | 中嶋 愛 |
| 装丁 | 草薙伸行 ● PlanetPlan Design Works |
| 印刷・製本 | 萩原印刷株式会社 |




ISBN978-4-8334-2132-4
Printed in Japan